21世纪高职高专精品教材·投资与理财专业

期货投资实务

（第五版）

Qihuo Touzi Shiwu

方晓雄 周瀚醇 主编

东北财经大学出版社
Dongbei University of Finance & Economics Press

大连

图书在版编目（CIP）数据

期货投资实务 / 方晓雄，周瀚醇主编. —5版. —大连：东北财经大学出版社，2021.1（2023.6重印）

（21世纪高职高专精品教材·投资与理财专业）

ISBN 978-7-5654-4065-6

Ⅰ．期… Ⅱ．①方… ②周… Ⅲ．期货交易-高等职业教育-教材 Ⅳ．F830.93

中国版本图书馆CIP数据核字（2020）第254626号

东北财经大学出版社出版

（大连市黑石礁尖山街217号　邮政编码　116025）

网　　址：http://www.dufep.cn

读者信箱：dufep@dufe.edu.cn

大连雪莲彩印有限公司印刷　　东北财经大学出版社发行

幅面尺寸：185mm×260mm　　字数：227千字　　印张：10.5

2021年1月第5版　　　　　　2023年6月第4次印刷

责任编辑：李丽娟　　　　　　　　责任校对：李　茵

封面设计：冀贵收　　　　　　　　版式设计：钟福建

定价：35.00元

出版说明

高等职业教育是我国高等教育体系的重要组成部分。大力发展高等职业教育，培养大量的高等技术应用型人才，是实现高等教育大众化目标的必然选择。而要实现这一根本任务，迫切需要解决的问题之一就是教材问题。

为满足教学需要，近年来东北财经大学出版社投入了大量资源开发财经类及相关专业高职教材，取得了阶段性的成果，在相关领域积累了丰富的经验，并经过多年的市场检验，树立了一定的市场认可度和品牌影响力。"21世纪高职高专精品教材·投资与理财专业"就是我社在此基础上开发的更为完善、更加实用的新型教材。

本系列教材是为了满足投资与理财等相关专业不断增长的教学需求，从金融类的套系中剥离细分出来的，目前已开发了多个品种，并已陆续更新，主要包括《期货投资实务》《商业银行经营管理实务》《证券投资基金》《公司理财实务》《货币银行学》《保险实务》《筹资实务》《个人理财实务》《证券投资分析》等。

本系列教材具有如下特点：

1.本系列教材力求贯彻落实教育部关于"十三五"高职教材建设的要求，以就业为导向，以培养高端技能型人才为目标，在内容选择和体系安排上，理论知识"适度、够用"，并将学历教育与职业资格认证考试相结合，结构合理，既能为学生的专业学习打下坚实的基础，又能满足其将来从事相关岗位和个人发展的基本要求。

2.本系列教材的作者均从教学一线严格遴选，既具有较高的学术水平，又具有丰富的教学和实践经验，从而保证了教材能够紧跟投资与理财专业领域的最新发展情况，及时修订、完善，且定位准确，内容丰富，实训到位，具有很强的科学性、实用性和指导性。

3.本系列教材均配有电子课件、微课、视频、动画、题库及参考答案等丰富的数字化教学资源，以方便教学使用，加强教学效果。

高等职业教育的发展日新月异，这就需要教材与时俱进，不断改革和创新。东北财经大学出版社作为一家专业性、开放式、国际化的财经教育出版机构，一直致力于教材的改革和创新，与时俱进地不断推出具有我国高等职业教育特色的新型教材。期待广大专家、学者和读者朋友们继续给我们以宝贵的意见和支持，使本系列教材通过修订不断完善，并与我国高等职业教育的改革和发展始终保持同步。

东北财经大学出版社

第五版前言

中国期货市场发展迅速，2020年上半年，中国内地商品期货成交手数占全球商品期货总成交手数的一半以上，期货交易品种也逐步增加。上海期货交易所已经有19个期货品种和5个期权合约，大连商品交易所有20个期货品种和7个期权合约，郑州商品交易所有21个期货品种和6个期权合约，中国金融期货交易所有3个股指期货品种、1个股指期权品种、3个国债期货品种。党的二十大报告提出："深化金融体制改革，建设现代中央银行制度，加强和完善现代金融监管，强化金融稳定保障体系""坚持把发展经济的着力点放在实体经济上"，对发展期货市场、服务实体经济提出了更高的要求。因此，有必要对教材进行修订，以便更全面地反映我国期货市场的基本情况。

修订后的教材增加了近年来新上市的期货品种，比如商品期货中的原油期货、苹果期货，金融期货中的股指期货和国债期货。同时，依据期货交易所网站信息更新了期货合约、期货交易所规则的相关内容，使内容更加符合期货市场实际。

本教材具有以下特色：

1. 理论联系实际。本教材内容既涉及期货市场的基本理论，又立足于中国期货市场实际，完整地覆盖了从事期货市场相关工作的知识、技能和素养，具有较强的实践指导性。

2. 课证融通。本教材内容与全国期货从业资格考试标准大致吻合，学习者学完本教材后，可以参加期货从业资格考试，获得相应的从业资格证书。

3. 落实立德树人。本教材内容既注重期货专业能力培养，又有机融入二十大精神和相关课程思政元素，注重学习者职业道德和综合素养的培养，落实立德树人根本任务。

本教材为省级规划教材、省级精品资源共享课教材，配套有丰富的在线课程资源，包括课件、教学视频、章节练习题、课程考试试卷、期货从业资格考试模拟试卷等，需要者可登录网址（https://www.ehuixue.cn/index/detail/index?cid=39301）或者微信扫描二维码参加学习。

在线课程资源

本书由安徽财贸职业学院方晓雄提出修订提纲，并对全书进行了总纂、定稿。其中，方晓雄修订了第1、2、3、4、7、8章，安徽工商职业学院周瀚醇修订了第5、6、9章。

本书在编写过程中，参阅了许多专家、学者的著作和研究成果，特别是上海期货交易所、大连商品交易所、郑州商品交易所和中国金融期货交易所网站的公开信息和相关论文，在此对相关作者表示诚挚的谢意。

由于编者水平有限，加之时间仓促，本书难免有疏漏或不当之处，敬请读者批评指正。

编　者
2023年6月

目 录

第1章 期货投资概述

学习目标

在学习完本章之后，你应该能够：了解期货市场产生和发展的历程；熟知期货市场的组织结构；掌握期货市场的功能。

引 例

伦敦金属交易所

伦敦金属交易所（LME）创建于1876年。19世纪中期，英国已成为世界上最大的金属锡和铜的生产国。但随着工业需求的不断增长，英国生产的锡和铜已不能满足本国工业的需求，英国开始从国外运输铜矿石和锡矿石回国进行精炼。在当时的条件下，铜矿石和锡矿石的价格因运输路途遥远、运输过程中的种种问题而经常大起大落，价格风险很大。当时的英国商人和消费者面对锡和铜的价格风险，采取了预约价格的方式，在货物运到之前就对"未来到货"签订合同，以保证货物运来很多时都可以卖掉，运来很少时也不至于价格暴涨。

1876年12月，300名金属商人发起成立了伦敦金属有限公司，该公司于1877年1月开始营业，当时的营业地点设在伦敦伦巴德的一家帽子商店上面。1987年7月，新的公司——伦敦金属交易所成立。

伦敦金属交易所是世界首要的有色金属交易市场。伦敦金属交易所的价格和库存对世界范围的有色金属生产和销售有着重要的影响，这些价格在业内被作为金属现货合同定价的依据。

资料来源：作者根据相关资料整理。

这一案例表明：期货交易是在现货交易、远期交易的基础上发展起来的，并且在固定的交易场所，即期货交易所进行，是高度组织化、规范化的交易形式。期货交易的功能主要体现在规避现货价格风险和价格发现两方面。

1.1 期货市场的产生与发展

1.1.1 期货市场的产生

谈论股票，我们首先想到的是华尔街；谈论期货和期权，则非芝加哥莫属。芝加哥不仅诞生了世界上最早的期货交易，而且在当今的期货和期权交易领域，芝加哥也是当之无愧的全球最大的金融衍生品交易中心。芝加哥拥有世界闻名的芝加哥商业交易所（CME：以畜产品、短期利率欧洲美元产品以及股指期货为主要交易品种）、芝加哥期货交易所（CBOT：以农产品和国债期货为主要交易品种）和芝加哥期权交易所（CBOE：以指数期权和个股期权为主要交易品种）。2007年6月底，芝加哥商业交易所（CME）和芝加哥期货交易所（CBOT）正式合并为芝加哥商业交易所集团（CME Group）。2008年，CME集团完成了对纽约商品交易所的收购，使得CME集团涵盖芝加哥商品交易所（CME）、芝加哥期货交易所、纽约商业交易所（NYMEX）、纽约商品交易所（COMEX）4个市场，并成为全球交易品种最多的衍生品交易市场。以芝加哥期权交易所（CBOE）为主体的芝加哥期权交易所集团（CBOE Holdings）是世界上最大的期权交易中心。

知识链接 1-1

"风城"芝加哥

芝加哥夏日酷热，冬季不冷，终年多风，因此被称为"风城"。它是美国第三大城市，也是五大湖地区最大的工业中心，位于伊利诺伊州东北部，在美国境内第一大湖密歇根湖与芝加哥河交汇处。19世纪开通的伊利诺伊-密歇根运河把处于内陆的芝加哥同五大湖和大西洋连接起来，使其成为港口城市，海洋巨轮可从加拿大的圣劳伦斯湾直驶芝加哥码头。芝加哥是美国的铁路枢纽，几十条铁路交会于此，连接美国各大城市。芝加哥还有世界上最繁忙的国际机场之一的奥黑尔国际机场。因此，芝加哥可以称得上是美国东西交通和水、陆、空运输的中心。

资料来源：作者根据相关资料整理编写。

19世纪中叶，芝加哥发展成为重要的农产品集散地和加工中心，大量的农产品在芝加哥进行买卖，价格波动异常剧烈。在收获的季节，农场主都运粮到芝加哥，市场供过于求导致价格暴跌，农场主常常连运费都收不回来，而到了第二年春天谷物匮乏，加工商和消费者难以买到谷物，谷物价格又飞涨。因此，在客观上需要建立一种有效的市场机制以防止价格的暴涨暴跌，还需要建立更多的储运设施。

为了解决这个问题，谷物生产地的经销商应运而生。他们设立商行，修建仓库，收购农场主的谷物，并将谷物先储存起来，再根据行情分批上市。当地经销商在贸易实践中存在着两个问题：一是他们需要向银行贷款，以便从农场主手中购买谷物储存；二是在储存过程中要承担巨大的谷物过冬的价格风险，价格波动有可能使当地经销商无利可图，甚至连成本都收不回来。解决这两个问题最好的办法是"未买先卖"，以签订远期合约（forward contract）的方式与芝加哥的贸易商和加工商联系，以转移价格风险和获得贷款。这样，现货远期合约交易便成为一种普遍的交易方式。

然而，芝加哥的贸易商和加工商也同样面临着当地经销商所面临的问题，所以他们只肯按比他们估计的交割时的远期价格还要低的价格支付给当地经销商，以避免交割期的价格下跌风险。由于芝加哥贸易商和加工商的买价太低，到芝加哥去商谈远期合约的当地经销商为了自身利益不得不去寻找更广泛的买家，为他们的谷物讨个好价钱。一些非谷物商认为有利可图，就先买进，到交割期临近再卖出，从中获得利润。这样，远期合约的交易量渐渐增加。

1848年3月13日，由芝加哥82位商人发起组建的第一个近代期货交易所——芝加哥期货交易所成立。开始的时候，芝加哥期货交易所还不完全是一个市场，而是一个为促进芝加哥工商业发展而组成的商会组织。该组织发展的初衷主要是改进运输和储存条件，同时为会员提供价格信息等，促进买卖双方交易的达成。

在实践中，人们发现仅有远期合约还不足以保障交易双方的利益，比如交易的商品品质、等级、价格、交货时间、交货地点等都是根据双方的具体情况达成的，没有一个统一的标准，而当交易双方的供需情况发生变化或市场价格发生变化时，进行合同的转让十分困难，特别是远期交易最终能否履行主要依赖于双方的信誉，在对对方无法全面深入了解的情况下，交易的风险依然巨大。针对上述情况，芝加哥期货交易所于1865年推出了标准化的期货合约（futures contract），以取代原有的远期合约。合约标准化包括合约中商品的品质和数量、交货时间、交货地点以及付款条件等的标准化。标准化的期货合约反映了最普遍的商业惯例，使得市场参与者能够非常方便地转让期货合约。同年，CBOT又采用了保证金制度，规定交易双方必须在交易所或其代理机构存入一笔资金以确保合约的履行，如果一方不履行合约，那么已缴纳的保证金就是其违约必须付出的代价，这样可以防范期货合约交易中的毁约风险。保证金制度的创设促进了期货交易的完善。

在建立保证金制度的基础上，对冲规则得以产生和发展。1882年，芝加哥期货交易所允许期货合约买卖者通过对冲方式免除履约责任，即参与者无须经期货合约对方当事人同意就可以转让合约。

随着期货交易的发展，期货结算的方法也不断改进。最初的结算方法被称为"直接结算"，该方法规定：任意一个交易者如对其持仓都按净额结算，须将一笔或多笔交易与其原始的交易对手进行冲抵之后才能得出净额，这是一种非常麻烦、低效的结算方式。到了19世纪末，随着期货交易量的猛增，基于需要产生了一种更为灵活的结算方式。该结算方式最大的进步体现在，参与者可以不必局限于只能与其最初的交易对手了结交易持仓。这种较为进步的系统在当时被称为"环形结算"。在该系统下，众多的买者与卖者被连成了一个环形，在结算时对他们的账户进行同时清算。1925年10月5日，芝加哥期货交易所清算公司（BOTCC）成立，该公司为独立的实体，由其结算会员负责运作，采用一种叫作"完全结算"的结算方式。该方式要求清算所作为所有交易者的交易对手，即作为买方的卖方、卖方的买方，正是这一大胆举措创立的独立金融机构及结算方法，为期货市场的发展提供了高效的结算体系。

随着远期合约的标准化、保证金制度的建立、期货结算所的成立，现代期货交易真正诞生。

因此，现代期货交易的产生和现代期货市场的诞生，是商品经济发展的必然结果，是社会生产力发展和生产社会化的内在要求。期货交易的优点就在于它的流动性很强，在合同期内，交易的任何一方都可以及时转让合同，不需要征得其他人的同意。履约可以采取实物交割的方式，也可以采取对冲期货合约的方式。这是因为，期货交易的对象不是具体的实物商品，而是一纸统一的标准合同——期货合约，在期货交易达成后，买卖双方并没有真正转移商品的所有权。

1.1.2　期货市场的发展

期货市场自1848年美国芝加哥期货交易所成立至今走过了大约一个半世纪的历程。一百多年来，世界期货市场也经历了各种风风雨雨，从萌芽到发展，从成熟到提高。归纳起来，世界期货市场的发展主要经历了商品期货、金融期货和期货期权三个阶段。

1) 商品期货

商品期货是世界上最早的期货交易品种。商品期货是以实物商品为标的物的期货交易。商品期货是期货市场上历史最悠久的期货交易，它的品种繁多，种类涵盖人们生活的各个层面。概括起来，商品期货主要有农产品期货、金属期货和能源期货。

（1）农产品期货。农产品期货是人类历史上最早开发的期货交易品种。1848年，美国芝加哥期货交易所首先进行的就是农产品的期货交易。在1865年CBOT推出标准化期货合约后，随着现货生产和流通的扩大，新的农产品期货品种也不断出现，除了小麦、玉米、大豆等谷物期货外，从19世纪后期到20世纪初，逐渐出现了棉花、咖啡、可可等经济作物的期货交易，黄油、鸡蛋以及后来的生猪、活牛、猪腩等畜禽产品期货交易，木材、天然橡胶等林产品期货交易也陆续上市。

（2）金属期货。在工业革命之前，英国原本是一个铜的出口国，但工业革命使英国对铜的需求大大提高，英国变成了一个铜进口国，作为生产原料的铜，在其进口的过程中由于铜价的波动使英国的许多工厂承担着较大的市场风险，所以迫切需要有一个能够为其转移风险的市场。1876年，著名的伦敦金属交易所成立，开创了金属期货交易的先河，到1920年，铅、锌两种金属也在伦敦金属交易所正式挂牌上市交易。目前，伦敦金属交易所的金属期货品种主要包括黄金、白银、铜、铝、铅、锌、镍、锡和铝合金等。伦敦金属交易所自创建以来，一直交易活跃，如今伦敦金属交易所的期货价格仍然是国际上有色金属市场的晴雨表。

（3）能源期货。20世纪70年代初发生的石油危机给世界石油市场带来了巨大的冲击，石油等能源产品价格的剧烈波动迫使人们期望借助于期货市场来避免价格风险的影响，于是，纽约商业交易所（NYMEX）的诞生开创了能源产品期货交易的先河，并成为世界上最有影响力的能源产品期货交易所。目前，在纽约商业交易所上市的能源期货交易品种主要有原油、天然气、煤炭等。

2) 金融期货

随着布雷顿森林体系的解体，到了20世纪70年代，固定汇率制被浮动汇率制所取代，利率管制等金融管制政策逐渐消亡，由此造成了汇率和各国利率的频繁剧烈波动。在这样的情况下，人们开始考虑用期货市场的功能来化解金融动荡所带来的风险，于是，金融期货应运而生。1972年5月，在美国芝加哥商业交易所设立了国际货币市场分部（IMM），首先推出了包括英镑、加拿大元、德国马克、法国法郎、日元和瑞士法郎在内的外汇期货合约。1975年10月，在芝加哥期货交易所又上市了国民抵押协会债券期货合约，从而成为世界上第一个推出利率期货合约的期货交易所。1977年8月，芝加哥期货交易所又推出了美国长期国债的期货合约，发展到今天，它已是国际期货市场上交易量最大的金融期货合约。1982年2月，美国堪萨斯期货交易所（KCBT）开发出了价值线综合指数期货合约，使股票价格指数也成了期货交易的对象。至此，金融期货中的三大类别——外汇期货、利率期货和股票指数期货均被开发，并快速形成了较大规模。特别是在20世纪的最后10年，无论是美国、欧洲的期货市场还是亚洲的期货市场，金融期货都已占据了期货市场交易的大部分，在国际期货市场上，金融期货也成为期货交易的最主要的产品。

金融期货的出现是期货交易的重大变革，使期货市场发生了翻天覆地的变化，彻底改变了期货市场原有的发展速度和发展格局。从期货市场的发展进程来看，世界上大部分期货交易所都是在20世纪的后20年中诞生和发展起来的。目前，在国际期货市场上，金融期货已是大多数期货交易所都有的交易品种，它对整个世界经济产生了极其深远的影响。表1-1列出了世界主要期货品种及其上市交易所。

表1-1
世界主要期货品种及其上市交易所

类别		品种	期货交易所
商品期货	谷物类	玉米、大豆、小麦、豆粕	芝加哥期货交易所（CBOT）
	林产品	木材、天然橡胶	芝加哥商业交易所（CME）
	经济作物	棉花、糖、咖啡、可可	纽约期货交易所（NYBOT）
	畜产品	生猪、活牛	芝加哥商业交易所（CME）
	有色金属	黄金、白银	纽约商品交易所（COMEX）
		铜、铝、铅、锌	伦敦金属交易所（LME）
	能源	石油、天然气	纽约商业交易所（NYMEX）
		石油	伦敦国际石油交易所（IPE）
金融期货	外汇	英镑、欧元、日元、瑞士法郎	芝加哥商业交易所（CME）
	利率	3个月期的欧洲美元定期存款	芝加哥商业交易所（CME）
		美国长期国库券、10年期国库券	芝加哥期权交易所（CBOE）
	股票指数	标准普尔500指数	芝加哥商业交易所（CME）

3）期货期权

在20世纪70年代推出金融期货后不久，国际期货市场又发生了新的变化。1982年10月1日，美国长期国债期货期权合约在芝加哥期货交易所上市，为其他商品期货和金融期货交易开辟了一方新的天地，引发了期货交易的又一场革命，这是20世纪80年代出现的最为重要的金融创新之一。期货期权交易与期货交易有所不同，它的交易对象既不是物质商品，也不是价值商品，而是一种权利，是权利的买卖或转让，所以期货期权交易常被称为"权钱交易"。期货期权交易最初源于股票交易，后来才被移植到期货交易中，并得到了迅猛的发展。

期权交易和期货交易都具有规避风险、提供套期保值的基本功能，但期货交易主要是为现货商提供套期保值的渠道，而期权交易则不仅对现货商具有规避风险的作用，而且对期货商的期货交易也具有一定程度的规避风险的作用，这就相当于给带有风险意义的期货交易上了一份保险。因此，期权交易所独有的特点，以及与期货交易结合运用所具有的灵活、有效的交易策略为投资者带来了很大的便利，成为现代投资者最为喜爱的交易方式。目前，国际期货市场上绝大部分期货交易品种都引进了期权交易的方式。现在，不仅在期货交易所和股票交易所开展了期权交易，而且在许多国家和地区还成立了专门的期权交易所，如芝加哥期权交易所、荷兰阿姆斯特丹期权交易所、英国伦敦期权交易所等。其中，芝加哥期权交易所是目前世界上最大的期权交易所。

回顾国际期货市场的整个发展过程，可以看到，期货在各个交易品种、各个交易市场间是相互促进、共同发展的。从目前国际期货市场的基本情况来看，商品期货继续保持在稳定的基础上有所发展，而金融期货后来者居上，已赶超商品期货。在美国的一些交易所，金融期货的交易量已占到整个期货交易量的三分之二以上，期货期权则方兴未艾，正逐渐被更多的人所认识和使用，成为更具科学性的投资交易工具。

1.1.3　我国期货市场的发展历程

1）我国期货市场产生的背景

我国期货市场的产生起因于20世纪80年代的改革开放，新的经济体制要求国家更多地依靠市场这只"无形的手"来调节经济。改革是沿着两条主线展开的，即价格改革和企业改革。价格改革最早从农产品开始。国家实行价格双轨制后，出现了农产品价格大升大降、农业生产大起大落、买难卖难问题此消彼长、政府用于农产品补贴的财政负担日益加重等一系列难题。其中有两点引起有关领导和专家学者重视：一是现货价格失真；二是市场本身缺乏保值机制。这两点最终又归结到市场体系不完善、不配套的问题上。在20世纪80年代中后期，一批学者提出了建立农产品期货市场的设想。

为了解决体系波动这一难题，使资源得到更加合理的使用，中央和国务院领导先后做出重要指示，决定研究期货交易。1988年3月，第七届人民代表大会第一次会议上的《政府工作报告》指出："加快商业体制改革，积极发展各类批发市场贸易，探索期货交易。"从而确定了在中国开展期货市场研究的课题。1988年初，国务院发展研究中心、国家经济体制改革委员会、商业部等部门根据中央领导的指示，组织力量开始进行期货市场研究，并成立了期货市场研究小组，系统地研究国外期货市场的现状和历史，组织人员对国外期货市场进行考察，开始有关期货市场的研究设计工作。

2）初创阶段（1990—1993年）

1990年10月12日，经国务院批准，郑州粮食批发市场以现货交易为基础，引入期货交易机制，作为我国第一个商品期货市场开始营业。1991年6月10日，深圳有色金属交易所宣告成立，并于1992年1月18日正式开业。1992年5月28日，上海金属交易所开业。1992年9月，我国第一家期货经纪公司——广东万通期货经纪公司成立。随后，中国国际期货公司成立。

到1993年，由于人们在认识上存在偏差，尤其是受部门和地方利益驱动，在缺乏统一管理的情况下，各地各部门纷纷创办各种各样的期货交易所。到1993年下半年，全国各类期货交易所达50多家，期货经纪机构达数百家。由于对期货市场的功能、风险认识不足，法规监管严格滞后，期货市场一度陷入了一种无序状态，酿成多次期货市场风险事件，直接影响期货市场的功能发挥。

3）治理整顿阶段（1993—2000年）

1993年11月，国务院发布《关于制止期货市场盲目发展的通知》，提出了"规范起步，加强立法，一切经过试验和从严控制"的原则，标志着第一轮治理整顿的开始。在治理整顿中，首当其冲的是对期货交易所的清理，15家交易所作为试点被保留下来。1998年8月，国务院发布《关于进一步清理和规范期货市场的通知》，开始了第二轮治理整顿。1999年，期货交易所数量再次精简合并为3家，分别是郑州商品交易所、大连商品交易所和上海期货交易所，期货品种也由35个降至12个。同时，对期货代理机构进行清理整顿。1995年底，330家期货经纪公司经重新审核获得"期货经纪业务许可证"，期货代理机构的数量大大减少。1999年，期货经纪公司最低注册资本金提高到3 000万元人民币。

为了规范期货市场行为，国务院及有关政府部门先后颁布了一系列法规制度，对期货市场的监管力度不断加强。1999年6月，国务院颁布《期货交易管理暂行条例》，与之配套的《期货交易所管理办法》、《期货经纪公司管理办法》、《期货经纪公司高级管理人员任职资格管理办法》和《期货从业人员资格管理办法》相继发布实施。2000年12月，中国期货业协会成立，这标志着中国期货行业自律管理组织的诞生，从而将新的自律机制引入监管体系。

4）稳步发展阶段（2000—2013年）

进入21世纪以来，"稳步发展"成为中国期货市场的主题。在这一阶段，中国期货市场走向法制化和规范化，监管体制和法规体系不断完善，新的期货品种不断推出，期货交易量实现恢复性增长后连创新高，积累了服务产业及国民经济发展的初步经验，具备了在更高层次服务国民经济发展的能力。

中国期货保证金监控中心于2006年5月成立，作为期货保证金安全存管机构，监控中心为有效降低保证金被挪用的风险、保证期货交易资金安全以及维护投资者利益发挥了重要作用。中国金融期货交易所于2006年9月在上海挂牌成立，并于2010年4月推出了沪深300股票指数期货，对于丰富金融产品、为投资者开辟更多的投资渠道、完善资本市场体系、发挥资本市场功能以及深化金融体制改革具有重要意义；同时，也标志着中国期货市场进入了商品期货与金融期货共同发展的新阶段。

5）创新发展阶段（2014年至今）

2014年5月，国务院发布了《关于进一步促进资本市场健康发展的若干意见》（简称"新国九条"）。作为资本市场全面深化改革的纲领性文件，"新国九条"对资本市场改革发展进行了顶层设计和战略规划，对期货市场改革发展给予了充分肯定和高度重视，对于凝聚改革共识、明确发展方向、共同推进期货市场更好地服务实体经济具有深远影响，标志着中国期货市场进入了一个创新发展的新阶段。2014年5月，国务院启动了期货法的起草工作，并列入全国人大立法规划。2014年9月，首届期货创新大会召开。同年10月，证监会出台了《期货公司监督管理办法》《关于进一步推进期货经营机构创新发展的意见》，期货公司的风险管理、资产管理等创新业务全面展开。

表1-2列出了我国期货交易所及其期货交易品种。

表1-2　　　　　　　　　　　我国期货交易所及其期货交易品种

期货交易所	交易品种
上海期货交易所	铜、铝、锌、铅、镍、锡、黄金、白银、螺纹钢、线材、热轧卷板、原油、燃料油、石油沥青、天然橡胶、纸浆、20号胶、不锈钢、低硫燃料油
郑州商品交易所	普通小麦、优质强筋小麦、早籼稻、晚籼稻、粳稻、棉花、棉纱、油菜籽、菜籽油、菜籽粕、白糖、苹果、红枣、动力煤、甲醇、精对苯二甲酸（PTA）、玻璃、硅铁、锰硅、尿素、纯碱、短纤
大连商品交易所	玉米、玉米淀粉、粳米、黄大豆1号、黄大豆2号、豆粕、豆油、棕榈油、鸡蛋、纤维板、胶合板、线型低密度聚乙烯、聚氯乙烯、聚丙烯、乙二醇、苯乙烯、焦炭、焦煤、铁矿石、液化石油气、生猪
中国金融期货交易所	沪深300股指期货、中证500股指期货、上证50股指期货、2年期国债期货、5年期国债期货、10年期国债期货

学思践悟 1-1

党的二十大战略指引期货市场高质量发展

服务实体经济，是金融工作的出发点和落脚点。期货行业，作为与实体经济联系最紧密的金融行业，目前已经上市的品种覆盖农业、能源、化工、有色等多个事关国民经济的重要行业，承担艰巨任务的同时，如今也迎来了新的发展契机。

党的二十大报告中提到"建设现代化产业体系。坚持把发展经济的着力点放在实体经济上、推进新型工业化"，期货行业将迎来发挥服务功能的良好机遇。如积极推进碳达峰碳中和、全方位夯实粮食安全根基等方面要求，均对推进期货行业在服务国家战略、护航实体经济、助力乡村振兴、助力共同富裕，以及保供稳价、提升产业链供应链韧性等方面，起到了重要的指引作用。

在党的二十大报告中，对"重点控制化石能源消费"、"推进能源清洁低碳高效利用"、"加快规划建设新型能源体系"和"提升生态系统碳汇能力"等方面作出了具体要求。作为服务实体经济的重要金融业成员之一，期货业在助力实现"双碳"目标中大有用武之地。广州期货交易所明确定位工业硅、多晶硅、锂、稀土、铂、钯等与绿色低碳发展密切相关特色期货品种。"硅能源"作为实现"双碳"战略的重要途径之一，伴随着光伏、新能源汽车和汽车轻量化为代表的新能源行业的迅猛发展，硅基上下游产业都出现了巨大增量，"硅能源"市场及相关企业亟需期货市场提供价格发现和风险管理的功能，工业硅作为广期所上市的第一个期货品种，成为期货业助力实现"双碳"目标道路上的重要里程碑。

党的二十大报告指出，要"全方位夯实粮食安全根基""确保中国人的饭碗牢牢端在自己手中"。截至目前，大商所、郑商所也已经上市了大豆、玉米、粳米等多个农产品期货品种，涉粮期货品种体系日益完善。对期货行业而言，服务乡村振兴、助力粮食安全的一个重要抓手，便是"保险+期货"。"保险+期货"已连续7年写入中央一号文件，期货行业对"乡村振兴"战略和"三农"事业的支持已经相当成熟，"保险+期货"的模式保障了广大合作社及农户的切身利益。

党的二十大报告提出，"支持中小微企业发展。深化简政放权、放管结合、优化服务改革"。国务院办公厅《关于进一步加大对中小企业纾困帮扶力度的通知》进一步提出，推动期货公司为中小微企业提供风险管理服务，助力中小微企业运用期货套期保值工具应对原材料价格大幅波动风险。

资料来源：董鹏.党的二十大战略指引期货市场高质量发展 [N].21世纪经济报道，2022-11-30.

1.2 期货市场的组织结构

现代期货市场是一个体系完整、层次分明、高度组织化和规范化的市场，一般而言，成熟期货市场的组织结构多数是以交易所为载体、以投资者为主体、以期货公司为中介的完整体系。

1.2.1 期货交易所

期货交易所是专门进行期货合约买卖的场所，是期货市场的核心，其自身不参与期货交易活动，不干涉交易价格的形成，也不拥有期货合约标的产品，只是为期货交易提供设施和服务。目前，全球共有50多家期货交易所，我国现有4家。

目前，全球期货交易所的组织形式可分为会员制和公司制两种。我国的3家商品期货交易所都采用会员制，中国金融期货交易所采用公司制。会员制期货交易所的注册资本被划分为均等份额，由会员出资认缴，不以营利为目的。期货交易所入会条件是严格的，各交易所都有具体规定。首先要向交易所提出入会申请，由交易所调查申请者的财务资信状况，通过考核，符合条件的经理事会批准方可入会。交易所的会员席位一般可以转让。交易所的最高权力机构是会员大会，会员大会下设理事会，一般由会员大会选举产生，理事会聘任交易所总经理，负责交易所的日常行政和管理工作。

公司制交易所是由投资者以入股方式组建并设置场所和设施，经营交易市场的股份有限公司，是以营利为目的的企业法人。它不参与合约标的物的买卖，但按规定对参与交易者收取交易费用，股东从中分享收益。公司制是目前全球期货交易所组织形式的发展方向。

期货交易所的主要职能包括：①提供交易场所、设施及相关服务；②制定并实施业务规则；③设计合约，安排上市；④组织和监督期货交易；⑤监控市场风险；⑥保证合约履行；⑦发布市场信息；⑧监管会员的交易行为；⑨监管指定交割仓库。

知识链接 1-2

上海期货交易所简介

上海期货交易所是受中国证券监督管理委员会集中统一监管的期货交易所，其宗旨是服务实体经济。根据公开、公平、公正和诚实信用的原则，上海期货交易所组织经证监会批准的期货交易，目前已上市的有铜、铝、锌、铅、镍、锡、黄金、白银、螺纹钢、线材、热轧卷板、原油、燃料油、石油沥青、天然橡胶、纸浆、20号胶、不锈钢、低硫燃料油19个期货品种以及铜、天然橡胶、黄金、铝、锌5个期权合约。

　　按照《上海期货交易所章程》，会员大会是上海期货交易所的权力机构，由全体会员组成。理事会是会员大会的常设机构，下设战略发展、风险控制、监察、交易、结算、交割、会员资格审查、法律与调解、财务、技术、金属产品、能源化工产品专门委员会，并可以根据需要设立其他专门委员会。监事会是上海期货交易所的监督机构，对会员大会负责。上海期货交易所现有会员198家（其中期货公司会员占近75%）。

　　上海期货交易所挂牌交易的产品中，原油期货是我国首个国际化期货品种，对我国期货市场对外开放具有标志性意义。铜期权是我国首个工业品期权，为企业提供了更加精细化的风险管理工具。铜期货已成为世界影响力最大的三大铜期货市场之一，并与铝、锌、铅、镍、锡期货形成了完备的有色金属品种系列，能较好地满足实体行业需求。天然橡胶期货的权威定价地位逐步巩固，"保险+期货"精准扶贫试点喜结硕果。黄金、白银期货，促进了贵金属市场体系的健康发展，丰富了期货市场的参与结构和功能作用。螺纹钢、热轧卷板、线材等黑色金属期货，进一步优化了钢材价格形成机制，助力我国钢铁工业健康有序发展，提高了我国钢铁价格的国际影响力。燃料油、石油沥青期货加快推进能源类期货产品的探索，提升我国石油类商品的市场影响力。

　　资料来源：根据上海期货交易所网站相关资料整理。

1.2.2　期货结算机构

　　期货结算是指期货结算机构根据交易所公布的结算价格对客户持有头寸的盈亏状况进行资金清算的过程。期货结算组织的形式有两种：一种是独立于期货交易所的结算公司，如伦敦结算所（London Clearing House）同时为伦敦的三家期货交易所进行期货结算；另一种是交易所内设的结算部门，如日本、美国等国期货交易所都设有自己的结算部门。我国目前采用的是交易所内设结算机构的形式。独立的结算所与交易所内设结算机构的区别主要体现在：结算所在履约担保、控制和承担结算风险方面独立于交易所之外，交易所内部结算机构则全部集中在交易所。独立的结算所一般由银行等金融机构以及交易所共同参股，相对于由交易所独自承担风险，风险比较分散。

　　期货市场的结算体系采取分级、分层的管理体系。结算机构一般采取会员制，只有会员才能直接得到结算的服务。期货交易的结算体系分为两个层次：第一个层次是由结算机构对其会员进行结算；第二个层次是由会员根据结算结果对其所代理的客户（非结算会员）进行结算。我国结算机构是交易所的内部机构，交易所的交易会员通常也是结算会员。由于期货交易是一种保证金交易，具有以小博大的特点，风险较大，从某种意义上讲，期货结算是风险控制的最重要的手段之一。交易所在银行开设统一的结算资金账户，会员在交易所结算机构开设结算账户，会员在交易所的交易由交易所的结算机构统一进行结算。

　　期货结算机构对所有的期货市场上的交易者起到第三方的作用，即对每一个卖方会员而言，结算机构是买方；对每一个买方会员而言，结算机构是卖方。结算机构通过对每一笔交易收取交易保证金，作为代客户履约的资金保证，在制度上保证了结算机构作为期货交易最终履约担保人的地位。由于期货合约的买卖双方不必考虑交易对手的信用程度，因而使期货交易的速度和可靠性得到大大提高。

1.2.3　期货经纪机构

期货经纪机构是指依法设立的、接受客户委托、按照客户的指令、以自己的名义为客户进行期货交易并收取交易手续费的中介组织。

期货公司和证券公司一样属于金融服务企业，它们的存在拓展了期货市场参与者的范围，扩大了市场规模，提高了交易效率，增强了期货市场竞争的充分性，有助于形成权威、有效的期货价格。期货公司利用其人才和信息优势，进行专门的信息收集和行情分析，有助于提高客户交易的决策效率和决策的准确性；同时，期货公司通过严密的风险控制制度，可以较为有效地控制客户的交易风险，实现期货交易风险在各环节的分散承担。

依据现有法规，我国期货公司的设立要经过中国证监会批准，在国家市场监督管理局登记注册，并具备以下基本条件：最低注册资本为人民币1亿元；主要管理人员和业务人员具有从业资格；有固定的交易场所和合格的交易设施；有健全的管理制度；中国证监会规定的其他条件。

截至2019年年底，我国共有期货公司150家。按净资本排名，处于前列的期货公司有：中信期货、中粮期货、国泰君安期货、银河期货、中国国际期货、永安期货、海通期货、弘业期货、申银万国期货等。

1.2.4　期货投资者

期货投资者是期货市场的主体，投资者套保或投机赢利的需求促进了期货市场的产生和发展。期货投资者可以有不同的分类标准，如按照投资者的身份可以分为个人投资者和机构投资者等。但在期货交易中，我们一般是按照参与期货交易的目的不同，将期货投资者分为套期保值者和投机者（包括套利者）。

套期保值者是指以回避现货价格风险为目的的期货投资者，其目的是通过期货交易寻求价格保障，尽可能消除不愿意承担的现货交易的价格风险，取得正常的生产经营或投资利润。

投机者是指在期货市场上以获取价差收益为目的的期货投资者，他们往往是风险偏好者。由于期货交易实行保证金交易，投机者可以用少量的资金做数倍于其资金的交易，因此，有机会获得高额利润。投机者是期货市场重要的参与主体，他们的参与增加了市场交易量，提高了流动性，承担了套期保值者所希望转嫁的价格风险。

套利者也是投机者，但和纯粹的投机者相比，投机方式不同。套利者针对市场上两个相同或相关资产暂时出现的不合理价差同时进行买低卖高，其利润和亏损都不会像纯粹的投机者那么大，是一种风险较小但获利较稳定的投机交易。

1.3　期货市场的作用

期货交易作为一种特殊的交易方式，它的形成经历了从现货交易到远期交易，最后到期货交易的复杂演变过程，它是人们在交易过程中不断追求交易效率、降低交易成本与风险的结果。在现代发达的市场经济体系中，期货市场作为重要的组成部分，与现货市场、远期市场共同构成既有分工又密切联系的多层次的有机体。

1.3.1 期货交易与现货交易、远期交易的区别

1）期货交易与现货交易的区别

期货交易与现货交易的区别在于：

（1）买卖的直接对象不同。现货交易买卖的直接对象是商品本身，有样品，有实物，看货定价。期货交易买卖的直接对象是期货合约，是买进或卖出多少手或多少张期货合约。

（2）交易的目的不同。现货交易是一手交钱、一手交货的交易，马上或一定时期内获得或出让商品的所有权，是满足买卖双方需求的直接手段。期货交易的目的一般不是到期获得实物，套期保值者的目的是通过期货交易转移现货市场的价格风险，投机者的目的是从期货市场的价格波动中获得风险利润。

（3）交易方式不同。现货交易一般是一对一谈判，然后签订合同，合同具体内容由双方商定，签订合同之后不能兑现，就要诉诸法律。期货交易是以公开、公平竞争的方式进行交易，一对一谈判交易（或称私下对冲）被视为违法行为。

（4）交易场所不同。现货交易一般不受交易时间、地点、对象的限制，交易灵活方便，随机性强，可以在任何场所与对手进行交易。期货交易必须在交易所内依照法规进行公开、集中交易，不能进行场外交易。

（5）商品范围不同。现货交易的品种是一切进入流通领域的商品，而期货交易的品种是有限的，主要是农产品、石油、金属产品以及一些初级原材料和金融产品。

（6）结算方式不同。现货交易是货到款清，无论时间多长，都是一次或数次结清。期货交易实行每日无负债结算制度，必须每日结算盈亏，结算价格是按照成交价加权平均来计算的。

2）期货交易与远期交易的区别

期货交易与远期交易的区别在于：

（1）交易对象不同。期货交易的对象是标准化合约，远期交易的对象主要是实物商品。

（2）功能作用不同。期货交易的主要功能之一是发现价格，远期交易中的合同缺乏流动性，所以不具备发现价格的功能。

（3）履约方式不同。期货交易有实物交割和对冲平仓两种履约方式，远期交易最终的履约方式多为实物交割。

（4）信用风险不同。期货交易实行每日无负债结算制度，信用风险很小，远期交易从交易达成到最终实物交割有很长一段时间，其间市场会发生各种变化，任何不利于履约的行为都有可能出现，信用风险很大。

（5）保证金制度不同。期货交易有特定的保证金制度，远期交易是否收取或收多少保证金由交易双方私下商定。

1.3.2 期货市场的功能

期货市场在稳定与促进市场经济发展方面有以下功能，其中前两项是其最基本、最主要的功能。

1）回避价格风险的功能

期货市场最突出的功能就是为生产经营者提供回避价格风险的手段，即生产经营者

通过在期货市场上进行套期保值业务来回避现货交易中价格波动带来的风险，锁定生产经营成本，实现预期利润，也就是说期货市场弥补了现货市场的不足。

2）发现价格的功能

在市场经济条件下，价格是根据市场供求状况形成的。期货市场上来自四面八方的交易者带来了大量的供求信息，标准化合约的转让又增加了市场流动性，期货市场中形成的价格能真实地反映供求状况，同时又为现货市场提供了参考价格，具有"发现价格"的功能。

案例分析 1-1

巧用"保险+期货"金融活水浇灌出"金苹果"

沿着渤海湾到黄河故道、秦岭北麓一直向西北蜿蜒至黄土高原，盘卧着一条"甜蜜"的生产线，其盛产一种广为人知的水果——苹果。

陕西省延长县坐落其间。该县安沟乡王良沟村果农史功福说，这几年，村广播每天滚动播放苹果期货价格信息，同时山沟里来了许多陌生人。在与他们的攀谈中，祖祖辈辈种苹果、卖苹果的史功福发现，"原来苹果还能这么卖"。2019年，凭着向"路人"学来的议价术，他的账本上就实实在在地增加了1.6万元收入。

果农的幸福记忆

史功福说："近年来，经常会见到一些戴眼镜的文化人来村里打听苹果长得怎么样。听说霜冻把果子冻了，还要问冻了多少，说如果减产了，苹果期货要涨了。"

根据县里的统一安排，村里的广播也每天滚动播放苹果期货价格，果农们对即将上市的苹果价格提前有了心理预判。2018—2019产季新苹果下来后，史功福主动和果商议价，最终确定订货价格3.7元/斤，比上一年多卖了1.1元/斤，卖果收入增加了1.6万元。

陕西省延长县曾是国家级贫困县，全县苹果种植面积达30多万亩，年产量将近30万吨。"2018—2019产季冻害导致的减产发生后，当地不少果农一改过去'听果商报价，自己估摸差不多就卖了'的做法，转而主动和果商议价，虽然当年延长县苹果总体减产8%，但整体销售价格同比提高30%，果农总收入增加了20%。"延长县县长曹林虎说。

苹果期货2017年12月22日在郑州商品交易所上市交易，上市之初便赶上了苹果大涨行情，一度引发网络热议。价格大涨背后的减产信息令产区当地政府及果农警醒，一改传统成交模式，提高售价，果农在产业链利润分配中大大增强了议价意识。

随着苹果期货的上市，2018年4月，陕西省县域的首家期货公司营业部——长江期货延长县营业部正式成立。营业部总经理闫景垒介绍，两年来，每到苹果收获季节，他几乎要跑遍延长县所有的乡镇，指导果农学会看期货价格卖苹果，通过苹果"保险+期货"保价格。

倒逼产业加速标准化

作为我国众多水果产业的支柱之一，我国苹果大规模种植是从20世纪80年代开始的。经过几十年的发展，2019年我国苹果总产量达4 242万吨，占我国水果总产量的

15.5%，在水果产量中位居第三，产值超过2 000亿元。但与国际先进水平相比，我国苹果单位面积产量低而不稳、同果不同价的现象较明显，究其根本原因，主要是标准化生产水平不高、果品质量不稳定所致。2017年底，苹果期货适时推出后，逐渐成为企业提高标准化水平的催化剂。

延安市是我国苹果最重要的产区之一。2019年延安市苹果种植面积为392万亩，产量为350万吨，占陕西省苹果总产量的33%、全国苹果总产量的8%，苹果鲜果总产值为140亿元，苹果收入占农民可支配收入的50%以上。

延安富县诚鑫农牧发展有限责任公司是延安市首批涉足苹果期货的企业之一。从苹果期货上市初始，公司总经理季双龙就开始关注苹果期货。

"想参与苹果期货，产品必须先标准化。"季双龙说，从2018年起，公司从种植环节开始尝试精准测土、科学施肥、精细化管理等手段，提高苹果的优果率和一致性，同时引入智能选果线，配备了专业检验人员、仪器设备和操作室，苹果出入库时按照相应的标准和流程进行检验分级，通过后端标准化分选，做好果品分级，根据期现货价格，选择合适的渠道进行销售或交割。

在产业标准化程度相对更高的山东，一些企业则在采购果农货物时，就尝试按照期货交割标准的要求，分级分价采购，力求从收购环节就开始进行标准化流程操作。

2019年10月，山东烟台某苹果龙头企业在新果收购时，开始不区分产地，对果农按照期货标准整理的货物统一价格收购，且较传统的一二级货物有0.2~0.3元/斤的溢价。公司负责人介绍："苹果期货不再区分山东苹果、陕西苹果，只要符合标准的苹果，都是一样的价钱。我们发现，按照统一标准收购的货物，比较契合下游超市的需求，企业无论给下游供货或参与交割都更方便，节省的代办、分选和打残成本折合0.5~0.6元/斤。"

业内人士称，目前，果农、企业的标准化意识和水平都在不断提高，有利于形成良性循环。苹果产业标准化之后，相关企业多年来面临的融资难题得以缓解。针对苹果贸易企业"集中收购，全年销售，鲜果很难在银行抵押贷款"的特点，期货公司的现货子公司通过仓单融资业务，一定程度上解决了收购季企业融资难、融资贵的问题，帮助企业增加融资渠道，扩大经营规模。

"鲜果贸易很难在银行融资，每到收购季，苹果贸易企业都面临收购资金不足的问题。"陕西省白水盛隆果业有限责任公司总经理侯保智介绍，以往收购时，公司只能边采购边销售，利用销售资金再重新采购，由于销售和回款周期较长，经常错过很多市场机会。公司作为苹果期货首批交割仓库之一，2018年通过苹果仓单融资近3 000万元，有力保证了当年的采购资金，公司还将冷库库容从1万吨增加到1.2万吨，并通过规范经营、控制风险等措施，实力不断增强。

郑商所相关负责人介绍，目前参与苹果期货的现货企业已近百家，交割货物超过1.7万吨，企业管理风险的能力不断提高。

"保险+期货"效果明显

像闫景垒这样深入县域基层的期货公司人士越来越多，为原本贫瘠落后的苹果产区带来了更为丰富和专业的信息。

对果农来说，通过期货市场提前预判苹果价格，增强了议价能力，同时通过参与"保险+期货"，"丰产年份价格跌，果农辛苦不丰收"的局面慢慢发生变化。根据郑商所的数据，已结束的11个苹果"保险+期货"项目共覆盖农户15 867户，其中贫困户13 909户，承保苹果10.3万吨，赔付4 847.22万元，户均3 055元。

对贸易商来说，苹果"集中收购，全年销售"的特点，造成企业经常面临价格波动、存货滞销的风险。苹果期货上市后，企业通过套期保值、场外期权、基差贸易、现货交割等方式，规避了价格风险，拓展了销售渠道，提升了经营效益。

对产业管理来说，苹果期货在引导提升产业标准化理念的同时，不断向产业标准的制定者反馈近年来我国苹果产业的发展变化，帮助产业标准的更新完善。济南果品研究院是鲜苹果国家标准的主要起草单位，也是苹果期货的质检机构。研究院苹果标准业务负责人介绍，苹果期货上市后，通过期货市场的集聚效应，进一步推动了国标和产业的结合，扩大了国标的影响力。与此同时，苹果期货的交割标准在采纳国标的基础上，根据红富士品种现货实际情况，对部分指标进行了完善，并通过期货交易、交割、质检的实践检验，贴近产业需求，不断修订完善，这也为下一步苹果国标的修订提供了宝贵的素材和经验。

资料来源：张利静. 巧用"保险+期货"金融活水浇灌出"金苹果"[N]. 中国证券报，2020-08-21.

问题：根据上述资料，分析苹果期货的功能。

分析提示：价格发现、规避风险。

3）有利于市场供求和价格的稳定

首先，期货市场上交易的是在未来一定时间履约的期货合约，它能在一个生产周期开始之前，就使商品的买卖双方根据期货价格预期商品未来的供求状况，指导商品的生产和需求，起到稳定供求的作用。其次，由于投机者的介入和期货合约的多次转让，使买卖双方应承担的价格风险平均分散到参与交易的众多交易者身上，减小了价格变动的幅度和每个交易者承担的风险。

4）节约交易成本

期货市场为交易者提供了一个能安全、准确、迅速成交的交易场所，提高了交易效率，不会发生"三角债"，有助于市场经济的建立和完善。

5）合理利用社会闲置资金

期货交易是一种重要的投资工具，有助于合理利用社会闲置资金。

案例分析 1-2

全球交易所并购风起云涌（CME并购CBOT）

2006年10月17日，美国芝加哥城内的两大交易所——芝加哥商业交易所与芝加哥期货交易所正式合并，由此诞生了迄今为止全球最大的交易所——芝加哥商业交易所集团。

这个新的庞然大物总市值达到250亿美元，远远超过了纽约股票交易所、欧洲交易所等竞争对手。合并将使新交易集团在利率期货、指数期货等金融衍生产品交易及农产品期货交易等市场拥有对手难以匹敌的规模优势。

这桩发生在美国第三大城市的并购的影响已波及欧亚市场。

30多年的努力

芝加哥商业交易所与芝加哥期货交易所分别创立于1898年和1848年，早期均从事与农产品相关的期货交易。由于地理上的便利条件，双方的合并计划早在20世纪70年代中期就已开始酝酿，其间共经历了30多年。合并的努力至少做过3次，但均以失败告终。

据当事者回忆，合并道路之所以困难重重，主要是由于双方企业文化之间的巨大差异、企业未上市前定价困难，以及历史留存的不信任因素。

至20世纪90年代末期，芝加哥商业交易所抓住了电子交易时代对金融衍生商品交易的巨大需求这一良机，在短短的几年内，交易量连续超越纽约和伦敦，成为全球最大的金融衍生商品交易市场。

2002年12月，芝加哥商业交易所公开发行股票上市，芝加哥期货交易所也在2005年10月上市。上市为两家交易所顺利合并奠定了基础。而且，之后两家交易所的合作已经日益紧密。

芝加哥商业交易所新闻发言人说："两家交易所数年来都保持着稳健并富有成效的合作，2003年，双方合作推出了结算业务，芝加哥商业交易所开始结算所有发生在芝加哥期货交易所的交易。因此，今天最终合并，是期货和金融市场发展的结果，我们别无选择。"

而Arc Capital Management总裁Steven Petillo认为，"促成双方今天合作成功的关键因素是，两家交易所都是上市公司，因而双方的市场价值透明化，任何人都可以从其股票价格、信誉分析等多元数据基础上清晰地分析出并看到其市值所在——商业交易所合并前为180亿美元，期货交易所为70亿美元。可以说，愈加透明的市场环境是促成合并的第一步"。

别无选择的合并

新集团无疑是以商业交易所为主导的，集团总裁由原商业交易所总裁克雷格·多诺霍出任，董事会由29名成员组成，商业交易所和期货交易所分别有20名和9名成员。但合并成功仅是新交易集团的第一步，更多的挑战将来自整合的过程，如何留住老客户也是新集团面临的迫切问题。

芝加哥商业交易所集团新闻发言人说，"合并当然是一个非常复杂的过程，首先要取得双方股东、期货交易所会员、管理层等对一系列决策的一致意见，如对新交易所、新管理层、决策层的选举等。然而，这只是合并过程中的一个部分。从目前的状况我们可以积极地预测，未来12~18个月，我们将取得预期的收益，那就是，预计共降低1.25亿美元的成本和劳动力总投入"。但对于合并后是否裁员，该新闻发言人不愿置评。

Steven Petillo则对整合的前景很乐观，他说："两家百年交易所，交易形式类似，人才水平相近，诸多因素决定了合并不会存在严重的文化和管理等方面的障碍。电子交易平台的整合以及其他技术整合可能会遇到一些问题，可是，这些问题对任何合并来说都是正常的。"

"合并对双方都是有利的选择，至少现在来看是这样，商业交易所可以通过合并进入其一直薄弱的农产品期货市场、利率期货市场。比如，农产品期货中的肉类期货产品、利率期货中的外汇产品合并后将很有可能成为一个交易亮点。"

芝加哥商品交易所新闻发言人则表示，对双方的客户来说，合并将最终降低交易成本以及交易风险。

影响波及欧亚市场

芝加哥毫无疑问是衍生品交易、期货交易的中心，从2005年的数字来看，全美64%的期货交易都发生在芝加哥。两家交易所的合并更加稳固了芝加哥美国金融中心的地位，众多分析人士和咨询机构认为，合并最终会加速双方在美国以及在其他国家的发展。

合并案公布后，欧洲各大交易所对此表示出了高度关注。分析人士认为，这必将引发欧洲大陆交易所合并的新一轮浪潮。而在亚洲，新交易集团已经表现出明显的扩张意图，且已经有了实质性的扩张举措。

芝加哥商业交易所已经和新加坡交易所合资组建了商品交易所，开发依托于电子交易平台的衍生商品交易。而芝加哥期货交易所则分别与中国外汇交易中心和上海证券交易所就开拓中国衍生品市场信息交流签署过谅解备忘录，并举行了包括中国证监会与上海期货交易所官员在内的培训。

此外，芝加哥期货交易所还推出了人民币期货与期权交易产品，为市场提供了规避人民币汇率波动风险的工具。

资料来源：根据全景网相关资料整理。

问题：请从芝加哥商业交易所和芝加哥期货交易所合并事件入手，分析未来期货交易所的发展方向。

分析提示：兼并重组，进一步增强竞争力。

知识掌握

1.1 现代期货交易真正诞生的标志是什么？
1.2 世界上有哪些主要商品期货品种？
1.3 我国有哪四家期货交易所？其主要交易品种各是什么？
1.4 期货交易所的主要职能是什么？
1.5 在期货交易中，一般可将投资者分为哪几类？
1.6 期货交易与现货交易有哪些不同？与远期交易有哪些不同？
1.7 期货市场最基本的功能有哪两项？

知识应用

□ 案例分析

上海原油期货上市两周年交出漂亮成绩单

全球第三大原油期货 亚太市场价格风向标

2018年3月26日，原油期货在上海期货交易所子公司上海国际能源交易中心（以下简称上期能源）正式上市，开启中国期货市场国际化新征程。

2020年3月26日，原油期货交出了漂亮的成绩单：日盘成交量突破20万手，持仓总量突破10万手，两年累计成交金额近30万亿元，总开户数突破10万，境外客户分布五大洲19个国家和地区。根据美国期货业协会（FIA）的统计，上海原油期货已成为规模仅次于WTI和Brent原油期货的第三大原油期货。

上期能源最新统计数据显示，截至2020年3月25日，原油期货累计成交量为6 568.31万手（单边，下同），累计成交金额达29.88万亿元。其中，2019年全年成交量为3 464.44万手，同比增长约31%；成交金额为15.48万亿元，同比增长约22%。

当前国际油价跌宕起伏之际，上海原油期货成为产业企业的避风港，成交、持仓都进一步放量，服务实体经济的能力得到显著提高。

3月11日，上海原油期货日盘成交量突破20万手，达到23.77万手，在亚洲时段交易量与WTI与Brent市场相当。3月12日，上海原油期货持仓总量突破10万手。3月24日，该数据更新为11.8万手，创原油期货上市以来的新高。

难能可贵的是，通过做市交易机制和市场培育，上海原油期货打破了我国商品期货市场普遍存在仅1月、5月、9月合约活跃的现象，已成功实现逐月连续轮转、近月合约全面活跃的良好局面。这对市场参与者意义重大：企业实现套期保值策略更加容易，市场发展与企业参与形成良性互动，为越来越多的投资者接受使用上海原油期货价格奠定了坚实基础。

"价格代表性方面，上海原油期货已基本能够代表中国甚至亚太区的原油供需变化，特别是在最近，上海原油价格走势体现了投资者对中国未来经济看好的信心，甚至可以说是引领并安抚全球油气行业的锚。"国泰君安期货原油研究总监王笑对上证报记者表示。

作为国内最大的原油生产商和主要原油进口商，中石油集团一直积极参与上海原油期货。该集团相关人士也表示，在与国际原油期货保持密切相关性的同时，上海原油期货能比较及时地反映中国进口原油市场的供需，并为中国参与者进行综合保值提供了手段。价格相对实货市场高度有效，期现联动顺畅，在亚洲交易时间对国际市场的影响日益明显。

境外客户参与度提升

作为中国首个国际化期货品种，上海原油期货的投资者结构一直备受关注。

上证报记者从上期能源获悉，截至2019年底，上海原油期货总开户数突破10万，其中境外客户同比增长120%，分布在五大洲19个国家和地区，日均交易量、日均持仓量占比约15%、20%。同时，原油期货已备案境外中介达56家，境外客户参与的渠道也得到进一步拓展。其中，一般法人日均交易量、日均持仓量占比约25%、30%，同比增长约60%、50%。特殊法人日均交易量、日均持仓量占比约10%、30%，同比增长约30%、150%。实体企业和金融投资机构越来越重视原油期货在风险管理和资产配置中的作用。

美国大宗商品贸易商复瑞渤集团相关人士对上证报记者表示："目前，复瑞渤集团和海外公司在中国期货市场的交易已覆盖原油、燃料油、金属、黑色系及农产品合约。"

他认为，上海原油期货上市的两年是中国和亚太地区石油炼力大发展的两年，从中东到马来西亚，从文莱到中国，新炼厂的启动带来了各方面对亚洲价格保值的进一步需求。"许多源于亚洲的石油市场波动在上海国际能源交易中心这个亚洲时段流动性最好的原油期货市场得以释放，上海原油期货在全球大宗商品市场波动中不断发挥重要功能。"

市场呼吁完善石油衍生品市场体系

在王笑看来，中国原油期货为市场树立了一个价格风向标，这意味着原油期货在一定程度上对中国能源安全及稳定发挥了积极作用。成功上市、平稳运行，中国原油期货完成了第一阶段的使命。不过，受访人士普遍认为，承载着为中国期货市场对外开放探路、为中国石油行业改革探路的历史使命，原油期货的未来更值得期待。

"随着国内原油期货市场参与门槛的逐步降低，开放性的加强，品种的丰富，原油期货流动性将显著增加，成为全球石油市场的晴雨表。"中石油相关人士对上证报记者说。

山东京博石油化工有限公司期货部总经理刘勇也表示，建议交易所在未来进一步提升原油期货各合约的连续性，增加原油期货交割仓库，完善可交割油种，促进原油期货更好地为实体企业服务。

"建议尽快推出原油期权和成品油期货，完善国内石油衍生品市场体系，为实体企业提供更多更有效的风险管理工具。"刘勇呼吁。

上期能源相关人士表示，下一步，上期能源将进一步完善交易规则制度，改进运行机制，优化投资者结构，提高其在价格发现和套期保值中的使用效率，不断提升功能发挥水平，深化市场服务，以更好地满足产业需求，进一步扩大对外开放，提高国际影响力。

资料来源：宋薇萍. 全球第三大原油期货　亚太市场价格风向标　上海原油期货上市两周年交出漂亮成绩单［N］. 上海证券报，2020-03-26.

问题：根据上述资料，分析上海原油期货上市的意义。

分析提示：作为中国首个国际化期货品种，有助于中国获取原油定价权。

□ 实践训练

实地考察一家运用期货交易规避市场风险的企业，了解期货交易对企业的生产、营销、利润会产生哪些影响。

要求：

①明确该企业期货交易的品种及各个品种所属的期货交易所。

②考察期货交易对企业的经营和财务有何影响。

③期货交易有时可能会使企业失去部分利润，讨论期货交易的必要性。

第2章　期货合约

学习目标

　　在学习完本章之后，你应该能够：了解期货合约的定义和特征；掌握期货合约的基本条款；熟知上海期货交易所铜期货合约主要条款的含义。

引　例

证监会批准红枣期货上市交易

　　2019年4月初，证监会批准郑州商品交易所开展红枣期货交易。

　　我国枣种植面积及产量位居世界第一，占世界枣种植面积及产量的98%以上，2017年全国红枣产量为562万吨。目前，国内枣树种植主要集中在北方地区，并以新疆、河北、山东、山西、河南、陕西、辽宁、甘肃等省区为主。

　　据了解，由于近年来红枣产量增长迅猛，市场供大于求的现象日益突出，价格持续下降，红枣种植收益不断下滑，利润空间急剧收窄。红枣现货企业的避险需求日益强烈，市场呼吁尽快上市红枣期货。市场人士认为，上市红枣期货，枣农及相关经营主体不仅可以利用权威期货价格信号合理制订生产经营计划，解决信息不对称带来的供需错配问题，还可以通过参与期货市场有效规避价格风险。

　　在此背景下，郑州商品交易所启动了红枣期货上市的研发和论证工作。据悉，在红枣期货合约和规则设计过程中，郑州商品交易所先后多次召开产业链企业、质检机构和期货公司等参加的红枣期货合约及规则设计论证会，充分听取市场各方对红枣期货的意见和建议，按照贴近现货的思路完善红枣合约和业务细则设计方案。目前，红枣期货市场意见公开征求工作已经完成。

　　此外，在前期调研中，郑州商品交易所多次到新疆、河南、河北等红枣主产区和集散地调研，根据红枣现货贸易习惯，结合红枣产业布局，完成交割仓库以及质检机构的遴选，确保红枣期货交割顺畅。

　　资料来源：佚名. 证监会批准红枣期货上市交易［EB/OL］.（2019-04-15）. https: //baijiahao. baidu.com/s?id=1630847776813804272. 有修改。

　　这一案例表明：期货合约是期货交易所统一制定的标准化合约。

2.1　期货合约

2.1.1　期货合约的概念

期货合约是期货交易的买卖对象或标的物，是由期货交易所统一制定的，规定了某一特定时间和地点交割一定数量和质量商品的标准化合约，期货价格则是通过公开竞价而达成的。

2.1.2　期货合约的主要特征

期货合约的主要特征有：①期货合约的商品种类、数量、质量、等级、交货时间、交货地点等条款都是既定的、标准化的，唯一的变量是价格；②期货合约的标准通常由交易所设计，经国家监管机构审批上市；③期货合约是在交易所组织下成交的，具有法律效力；④期货价格是在交易所的交易厅通过公开竞价方式产生的，国外大多采用公开叫价方式，而我国采用电子撮合方式。

期货合约规定的标准化条款一般包括以下内容：

（1）标准化的数量和数量单位。例如，上海期货交易所规定每张铜期货合约的交易单位为5吨，每张合约我们习惯称之为1手，1手是期货合约数量的最小单位。

（2）标准化的商品质量等级。在期货交易过程中，交易双方无须再就商品的质量进行协商，这大大方便了交易者。

（3）标准化的交割地点。期货交易所在期货合约中为期货交易的实物交割确定经交易所注册的统一的交割仓库，以保证双方交割顺利进行。

（4）标准化的交割期和交割程序。期货合约具有不同的交割月份，交易者可自行选择，一旦选定之后，在交割月份到来之时如仍未对冲掉手中合约，就要按交易所规定的交割程序进行实物交割。

（5）交易者统一遵守的交易报价单位、每日价格最大波动限制、交易时间、交易所名称等。

上海期货交易所阴极铜标准合约见表2-1。

表2-1　　　　　　　　　　上海期货交易所阴极铜标准合约

交易品种	阴极铜
交易单位	5吨/手
报价单位	元（人民币）/吨
最小变动价位	10元/吨
每日价格最大波动限制	不超过上一交易日结算价的±3%
合约交割月份	1—12月
交易时间	上午9：00—11：30，下午1：30—3：00和交易所规定的其他交易时间
最后交易日	合约交割月份的15日（遇国家法定节假日顺延，春节月份等最后交易日交易所可另行调整并通知）

交割日期	最后交易日后连续三个工作日
交割品级	标准品：阴极铜，符合国标 GB/T467—2010 中 1 号标准铜（Cu-CATH-2）规定，其中主成分铜加银含量不小于 99.95% 替代品：阴极铜，符合国标 GB/T467—2010 中 A 级铜（Cu-CATH-1）规定；或符合 BS EN 1978：1998 中 A 级铜（Cu-CATH-1）规定
交割地点	交易所指定交割仓库
最低交易保证金	合约价值的 5%
交割方式	实物交割
交割单位	25 吨
交易代码	CU
上市交易所	上海期货交易所

资料来源：作者根据上海期货交易所网站相关资料整理。

2.2　期货合约的基本条款

2.2.1　交易品种

交易品种是指期货合约交易的标的物。上海期货交易所铜期货合约的交易品种为阴极铜，实际交易中简称铜。并不是所有的商品都适宜做期货交易，在众多的实物商品中，只有具备下列属性的商品才能作为期货合约的交易品种。

1）价格波动大

只有商品的价格波动较大，意图回避价格风险的交易者才需要利用远期价格先把价格确定下来。如果商品价格基本不变，如商品实行的是垄断价格或计划价格，商品经营者就没有必要利用期货交易固定价格或锁定成本。

2）供需量大

期货市场功能的发挥是以商品供需双方广泛参加交易为前提的，只有现货供需量大的商品才能在大范围内进行充分竞争，形成权威价格。

3）易于分级和标准化

期货合约事先规定了交割商品的质量标准，因此，期货品种必须是质量稳定的商品，否则，就难以进行标准化。

4）易于储存、运输

商品期货一般都是远期交割的商品，这就要求这些商品易于储存、不易变质，并且便于运输，保证期货实物交割的顺利进行。

2.2.2　交易单位

交易单位是指期货交易所交易的每手期货合约代表的标的商品的数量。例如，上海期货交易所规定，一手铜期货合约的交易单位为 5 吨。显然，一手这样的期货合约代表 5 吨铜，2 手这样的期货合约代表 10 吨铜，以此类推。

2.2.3　报价单位

报价单位是指在买卖期货合约时，投资者报价所使用的单位，即每计量单位的货币价格。例如，上海期货交易所铜的报价单位以元（人民币）/吨表示，这里的计量单位为吨。例如，2020 年 6 月 1 日，某投资者以 44 780 的价格买入上海期货交易所交易的 2020 年 9 月份交割的铜期货合约 1 手，这里的 44 780 就代表 44 780 元/吨。由于 1 手铜期货合约代表 5 吨铜，因此 1 手铜期货合约的价值为 223 900 元（44 780 元/吨×5 吨）。

2.2.4　最小变动价位

最小变动价位是指期货交易时买卖双方报价所允许的最小变动幅度，每次报价时价格的变动必须是这个最小变动价位的整数倍。例如，上海期货交易所铜期货合约的最小变动价位为 10 元/吨，也就是说，在进行交易时，投资者所申报的价格必须是 10 的整数倍，即价格的最后两位数应该是 00，10，20，…，90。最小变动价位乘以交易单位，就是该合约价值的最小变动值。每手上海期货交易所铜期货合约价值的最小变动值是 50 元（10 元/吨×5 吨）。

2.2.5　每日价格最大波动限制

每日价格最大波动限制也称涨跌停板幅度，是指交易日期货合约的成交价格不能高于或低于该合约上一交易日结算价的一定幅度。例如，上海期货交易所规定，铜期货的每日价格最大波动幅度不超过上一交易日结算价的±3%。例如，2020 年 6 月 6 日，上海期货交易所交易的 2020 年 9 月份交割的铜期货合约结算价为 50 000 元/吨，则 6 月 6 日，该合约的跌停板价格为 50 000×（1–3%）=48 500（元/吨），涨停板价格为 50 000×（1+3%）=51 500（元/吨）。也就是说，投资者在 6 月 6 日交易该合约时，申报价格只能在 48 500 元/吨到 51 500 元/吨之间，否则交易所自动视其为无效申报。

2.2.6　合约交割月份

合约交割月份是指期货合约规定进行实务交割的月份。商品期货合约对进行实物交割的月份作了规定。一个期货交易所不仅有多个交易品种，而且单个品种也有不同的合约交割月份。某种商品期货合约交割月份的确定，一般由其生产、使用、消费等特点决定。例如，许多农产品期货的生产与消费具有很强的季节性，因而其交割月份的规定也具有季节性特点。此外，合约交割月份的确定还受该合约商品的储藏、保管、流通、运输方式和特点的影响，因此，有些品种的合约交割月份间隔较短，而有些则较长。

微课 1

商品期货合约
基本条款

知识链接 2-1

上海期货交易所规定，铜期货合约的交割月份为 1—12 月，也就是说，正常情况下，总是有交割月份从 1 月到 12 月的 12 张铜期货合约同时挂牌上市交易。例如，2020 年 9 月 4 日，上海期货交易所交易的不同交割月份的铜期货合约为 Cu2009、Cu2010、Cu2011、Cu2012、Cu2101、Cu2102、Cu2103、Cu2104、Cu2105、Cu2106、Cu2107、Cu2108，这里的 Cu 代表铜，2009 代表合约交割月份为 2020 年 9 月，2101 代表合约交割月份为2021年1月，以此类推。显然这里最近交割月份的铜期货合约是Cu2009，最远交割月份的铜期货合约是Cu2108。若在2020年9月份过了最后交易日，Cu2009合约被摘牌，则交易所随后将新增一个Cu2109交割月份的铜期货合约，以保证市场上同时有交割月份为1—12月的12张铜期货合约。那么，最近交割月份的铜期货合约是Cu2010，最远交割月份的铜期货合约是Cu2109。

资料来源：作者根据上海期货交易所网站相关资料整理所得。

2.2.7　交易时间

我国各期货交易所只在工作日交易，周六、周日、国家法定节假日休市。

知识链接 2-2

上海期货交易所铜期货合约白天交易时间为9：00—11：30和13：30—15：00，具体交易时间安排如下：

8：55—8：59	集合竞价（接受客户委托，但不撮合）
8：59—9：00	撮合成交
9：00—10：15	正常交易
10：15—10：30	小节休息
10：30—11：30	正常交易
13：30—14：10	正常交易
14：10—14：20	小节休息
14：20—15：00	正常交易

另外，上海期货交易所对金属期货开展夜市交易。

资料来源：作者根据上海期货交易所网站相关资料整理所得。

2.2.8　最后交易日

最后交易日是指某一期货合约在合约交割月份中进行交易的最后一个交易日。

过了这个期限的未平仓期货合约必须进行实物交割。根据不同期货合约商品的生产、消费和交易特点，期货交易所确定其不同的最后交易日。

知识链接 2-3

上海期货交易所规定，铜期货合约的最后交易日为合约交割月份的15日（遇法定假日顺延）。例如，对于期货合约Cu2008，按照上海期货交易所的规定，该合约最后交易日应定在2020年8月15日，但是2020年8月15日是星期六，因此，按照法定假日顺延的规则，合约Cu2008的最后交易日应定在2020年8月17日（星期一）。

资料来源：作者根据上海期货交易所网站相关资料整理所得。

2.2.9　交割日期

交割日期是期货合约中约定进行实物交割或现金交割的日期。

知识链接 2-4

上海期货交易所规定，铜期货的交割日期为最后交易日后连续3个工作日。例如，对于铜期货合约 Cu2007 来说，该合约的交割月份为 2020 年 7 月，最后交易日为合约交割月份的 15 日，其交割日期为 2020 年 7 月 16 日至 18 日，但由于 7 月 18 日是星期六，按照遇法定假日顺延的规定，合约 Cu2007 的交割日期应为 2020 年 7 月 16 日、17 日、20 日 3 个工作日。

资料来源：作者根据上海期货交易所网站相关资料整理所得。

2.2.10　交割品级

交割品级是指由期货交易所统一规定的、允许在交易所上市交易的合约商品的质量等级。在进行期货交易时，交易双方无须对商品的质量等级进行协商，发生实物交割时按交易所期货合约规定的标准质量等级进行交割。期货交易所在制定合约商品的等级时，常常采用国内或国际贸易中通用和交易量较大的标准品的质量等级作为标准交割等级。

知识链接 2-5

上海期货交易所规定，参与交割的铜标准品为：标准阴极铜，符合国标 GB/T467-2010 标准阴极铜规定，其中主成分铜加银含量不小于 99.95%。

一般来说，为了保证期货交易顺利进行，许多期货交易所都允许在实物交割中，实际交割商品的质量等级与期货合约规定的标准交割等级有所差别，即允许用与标准品有一定等级差别的商品作为替代品。替代品的质量等级和品种一般也由期货交易所统一规定。用替代品进行实物交割时，价格需要升水、贴水，如替代品等级高于标准品，即升水；反之，则贴水。

上海期货交易所规定，参与交割的铜替代品可以为：①高级阴极铜，符合国标 GB/T467-2010 高级阴极铜规定；②LME 注册阴极铜，符合 BSEN 1978：1998 标准（阴极铜等级牌号 Cu-CATH-1）。

资料来源：作者根据上海期货交易所网站相关资料整理所得。

2.2.11　交割地点

交割地点是指由期货交易所统一规定的、进行实物交割的指定交割仓库。

在商品期货交易中大多涉及大宗实物商品的交割，因此，统一指定交割仓库可以保证卖方交付的商品符合期货合约规定的数量与质量等级，保证买方收到符合期货合约规定的商品，防止商品在储存与运输过程中出现损坏现象。一般来说，期货交易所在指定交割仓库时主要考虑的因素有：指定交割仓库所在地区的生产或消费集中程度、储存条件、运输条件以及质检条件等。例如，上海期货交易所指定的铜交割仓库主要有上海国储天威仓储有限公司、中储发展股份有限公司、上海期晟储运管理有限公司等大型仓储物流公司的仓库。

2.2.12　最低交易保证金

交易保证金是期货交易所规定的、交易者按合约价值的一定比例缴纳的履约保证金。之所以称之为最低，是因为在一个期货合约的生命周期中，期货交易所在市场交易异常或者合约到期日临近时，为了防范结算风险，会相应地在最低保证金的基础上提高保证金比例，也就是说，合约中约定的保证金比例是最低的。例如，上海期货交易所规定，铜期货合约的最低保证金比例为合约价值的5%。

2.2.13　交割方式

一般来讲，期货交割的方式有两种：实物交割和现金交割。

实物交割是指期货合约的买卖双方于合约到期时，根据交易所制定的规则和程序，通过期货合约标的物的所有权转移，将到期未平仓合约进行了结的行为。商品期货交易一般采用实物交割的方式。

期货交易不是以现货买卖为目的，而是以买卖合约赚取差价来达到保值的目的，因此，实际上在期货交易中真正进行实物交割的合约并不多。交割过多，表明市场流动性差；交割过少，表明市场投机性强。在成熟的国际商品期货市场上，交割率一般不超过5%，我国期货市场的交割率一般也在3%以下。

现金交割是指到期未平仓期货合约进行交割时，用结算价格来计算未平仓合约的盈亏，以现金支付的方式最终了结期货合约的交割方式。这种交割方式主要用于金融期货等期货标的物无法进行实物交割的期货合约，如股票指数期货合约等。近年来，国外一些交易所也探索将现金交割的方式用于商品期货。我国商品期货市场不允许进行现金交割。

2.2.14　交割单位

交割单位是实物交割时的最小数量单位，交割时必须以交割单位的整数倍进行。上海期货交易所铜期货合约的交割单位为每一仓单25吨，交割必须以每一仓单的整数倍交割，上海铜期货合约的交易单位为每手5吨，25吨铜对应5手铜期货合约。

2.2.15　交易代码

为了便于交易，每个期货品种都有交易代码。例如，上海期货交易所铜期货合约的交易代码为Cu。

2.2.16　上市交易所

上市交易所是指挂牌交易该期货合约的期货交易所名称。

案例分析 2-1

原油期货合约规则有哪些

2018年3月26日，我国首个国际化期货品种——原油期货在上海期货交易所子公司上海国际能源交易中心挂牌交易。在交易制度和合约设计层面，原油期货的交割月份、最后交易日、交易时间等与国内其他品种存在较大区别。在合约设计层面，包括标的油种选择、货币定价、购汇结汇、交割等细节均已有详细安排。

交易品种

从上海国际能源中心公布的原油期货标准合约来看，交易品种为中质含硫油，交易单位为1 000桶/手，最小变动价位为0.1元（人民币）/桶。

为何选中质含硫原油？

针对交易品种定为中质含硫原油，上海国际能源交易中心相关负责人解释这主要有以下三个原因：

一是中质含硫原油资源相对丰富，其产量份额约占全球产量的44%；

二是中质含硫原油的供需关系与轻质低硫原油并不完全相同，而目前国际市场还缺乏一个权威的中质含硫原油的价格基准；

三是中质含硫原油是我国及周边国家进口原油的主要品种，形成中质含硫原油的基准价格有利于促进国际原油贸易的发展。可交割油种包括阿联酋迪拜原油、上扎库姆原油、阿曼原油、卡塔尔海洋油、也门马西拉原油、伊拉克巴士拉轻油，以及中国胜利原油。

升贴水

对于升贴水方案，维多集团北京代表处首席代表张天逸表示，这种固定升贴水方案的好处是显而易见的，这极大简化了原油期货实物交割操作。因为每一种可交割油种价格信息都是明确的，参与交割的买卖双方的交割货款计算公式简单明确，可操作性强。同时，通过设置油种品质下限标准增强了可交割油种的品质稳定性。

当然，上海国际能源交易中心相关负责人也指出，上海国际能源交易中心将密切跟踪现货市场运行情况，在现货市场可交割油种价差出现重大趋势性变化时，将对升贴水方案进行调整，确保期货市场与现货市场的一致性和稳定性。

交易门槛

在投资者门槛方面，自然人投资者可用资金要在50万元以上，法人投资者则要在100万元以上。当然，合规、诚信等要求也是门槛之一。

必要的知识经验也不可少，首先需要投资者通过相关测试，考试不合格的，连开户都没有资格。此外，客户还需要具有累计不少于10个交易日、10笔以上的仿真交易成交记录，或者近3年内10笔以上境内期货交易成交记录。

参与模式

符合申请上海国际能源交易中心会员资格的境内客户可以申请成为非期货公司会员直接参与原油期货交易，其余境内客户可通过境内期货公司会员代理参与交易。

境外客户参与原油期货的四种模式：

模式1：境内期货公司会员直接代理境外客户参与原油期货；

模式2：境外中介机构接受境外客户委托后，委托境内期货公司会员或者境外特殊经纪参与者（一户一码）参与原油期货；

模式3：境外特殊经纪参与者接受境外客户委托参与原油期货（直接入场交易，结算、交割委托期货公司会员进行）；

模式4：作为能源中心境外特殊非经纪参与者，参与原油期货。

交易时间

原油期货自2018年3月26日起上市交易。原油期货交易时间为：上午9：00—11：30，下午1：30—3：00，以及上海国际能源交易中心规定的其他交易时间。

资料来源：佚名. 原油期货合约规则有哪些［EB/OL］.［2018-03-26］. https：//futures.cngold.org/qhzs/c6325569.html.

问题：根据上述材料内容，查找资料分析上海原油期货合约特色。

分析提示：我国首个国际化期货品种。

知识掌握

2.1 什么是期货合约？期货合约有哪些特征？

2.2 作为期货交易的品种应具备哪些属性？

2.3 什么是交易单位？什么是报价单位？

2.4 什么是期货合约的交割月份？什么是最后交易日？什么是交割日期？

2.5 什么是期货交易的每日价格最大波动限制？

2.6 什么是实物交割？什么是现金交割？

知识应用

□ 案例分析

首个活体交割期货品种来了　生猪期货获批在大连商品交易所上市

2020年4月24日，证监会正式批准大连商品交易所（下称大商所）开展生猪期货交易，这将是我国期货市场上市的第一个活体交割品种。

生猪产业市场规模近2万亿元

数据显示，2019年，中国生猪出栏逾5.4亿头，猪肉产量逾4 200万吨，华中、华东和西南地区为我国传统生猪主产区。由于近期价格上涨，市场规模已由正常年份的近万亿元上升至近2万亿元。猪肉消费是我国居民肉类消费的最主要方面，长三角、珠三角和京津冀地区是我国猪肉消费的主要区域。

生猪品种标准化程度日益提高，贸易活跃，开展生猪期货的条件日益成熟：近几年，中国生猪养殖业规模化水平不断提升，大型规模化养殖企业的生猪品种几乎全部为瘦肉型猪；统一仔猪供应、统一饲料、统一兽药、统一技术服务、统一销售出栏的"五统一"，决定了出栏生猪标准化程度较高，出肉率、瘦肉率等屠宰技术指标较统一；生猪贸易模式成熟，流通方式以活体为主，现货市场贸易顺畅，生猪价格完全由市场供求决定。

助力产业破解"猪周期"困扰

2003年以来，我国生猪出栏价格经历了5次大幅波动，形成了5个"猪周期"。特别是2018年8月以来，受非洲猪瘟疫情影响，我国生猪现货市场情况发生了一系列变化，生猪价格由15元/公斤跌至2019年3月的10元/公斤，之后大幅反弹，至2019年第三季度达到了近40元/公斤的历史高位。生猪现货价格的剧烈波动，给产业企业带来较大的不确定性，生产经营难以稳定，不利于行业健康发展。

因此，市场人士认为，生猪期货上市对于生猪产业长远稳健发展具有重要意义。相关产业企业通过参与期货交易，将推动生猪期货有效发挥价格发现功能，对于完善生猪价格形成机制、提升市场主体风险管理能力和助力生猪产业发展具有积极的促进作用。

中信建投期货养殖产业研究员魏鑫表示，生猪产业的发展关系经济、民生、就业、食品安全等领域，生猪期货上市将助力产业健康稳定发展：饱受"猪周期"困扰的产业链企业今后有了套期保值工作，将有效规避价格风险；期货市场的价格发现功能，将助力市场研判产业发展周期，为相关政策决策提供参考；生猪期货完善了我国期货上市品种的覆盖面，将与已上市的鸡蛋、饲料原料、油脂、软商品等商品期货共同构建反映我国农业产品的价格预期指标。

生猪期货合约和规则设计已完成

分析人士认为，受疫情影响，现阶段生猪现货市场情况复杂、价格波动剧烈。生猪期货上市初期，期货价格受现货影响可能会出现较大幅度波动，期货风险管理功能将随着市场的稳定运行逐步发挥，投资者对于生猪期货的运行情况要有合理预期。

大商所相关负责人表示，20年来，大商所持续研究和推动生猪期货上市，在对产业进行广泛深入调研的基础上，对相关重点、难点和风险点问题形成了针对性的创新解决方案。目前，大商所已完成生猪期货合约和规则方案的整体设计，交割仓库征集正有序推进，相关业务、技术系统已准备就绪。

该负责人表示，大商所将本着服务产业的根本宗旨，抓紧推进生猪期货上市前各项准备工作，强化市场培育。生猪期货顺利推出后，将加强一线监管，严控风险，维护市场稳定运行，为相关产业企业和投资者提供公开、公平和有效的价格发现和避险平台。

资料来源：宋薇萍. 首个活体交割期货品种来了 生猪期货获批在大商所上市［N］. 上海证券报，2020-04-25.

问题：阅读上述背景材料，查找资料分析为什么我国生猪期货酝酿了20年才上市。

分析提示：作为活体交割期货，生猪期货合约设计上的难点。

□ 实践训练

熟悉上海期货交易所铝期货合约。

要求：

①登录上海期货交易所网站，浏览上海期货交易所铝期货合约的内容。

②分组讨论铝期货合约的主要条款。

第3章　期货交易所规则

学习目标

在学习完本章之后，你应该能够：了解期货交易所的结算规则；熟知期货交易所的风险控制规则。

引　例

大商所液化石油气期货、期权合约及相关规则公开征求意见

2020年3月9日，大连商品交易所（下称"大商所"）发布通知，就液化石油气（LPG）期货、期权合约及相关规则公开征求意见和建议。这标志着市场期盼已久的LPG期货、期权上市步伐加快。

根据通知，大商所公开征集市场意见和建议的内容包括《大连商品交易所液化石油气期货合约（征求意见稿）》《大连商品交易所液化石油气期货业务细则（征求意见稿）》《大连商品交易所液化石油气期货期权合约（征求意见稿）及起草说明》等文件，截止日期为2020年3月13日。

结合此次公布的合约内容及业务细则征求意见稿，LPG期货合约交易代码为PG，交易单位为20吨/手，最小变动价位是1元/吨，合约涨跌停板幅度为上一交易日结算价的4%，最低交易保证金为合约价值的5%。合约月份为1—12月，最后交易日和最后交割日分别为合约月份倒数第4个交易日和最后交易日后第3个交易日。

为确保市场平稳运行，大商所将LPG期货一般月份涨跌停板和最低保证金比例分别设为上一交易日结算价的4%和合约价值的5%，可覆盖绝大部分的日波动范围，满足风险控制的要求。在持仓限额制度设计上，对非期货公司会员和客户，自合约上市至交割月份前1个月第14个交易日期间，若合约的单边持仓量小于或等于8万手，则持仓限额为8千手；若该合约的单边持仓量大于8万手，则持仓限额为单边持仓量的10%。考虑到LPG价格影响因素多、波动幅度大，为严防逼仓风险，采用从严限仓的原则，大商所设置交割月份前1个月第14个交易日后至交割月前，持仓限额为1000手；进入交割月后，持仓限额500手。

大商所相关负责人表示，在全面深入市场调研及广泛征求意见、充分论证的基础上，大商所完成了LPG期货、期权合约规则设计工作。下一步，大商所将梳理并研究

各方意见和建议，进一步完善合约和规则，与各方共同做好上市前的各项准备工作，确保LPG期货及期权平稳上市运行。

资料来源：张利静. 大商所就液化石油气期货、期权合约及相关规则公开征求意见〔N〕. 中国证券报，2020-03-09.

这一案例表明：为了保障期货交易顺利进行，防范期货市场风险，期货交易所都制定了严格且完善的规则。

3.1　结算规则

3.1.1　结算的概念

结算规则是为规范期货交易所期货交易的结算行为，保护期货交易当事人的合法权益和社会公众利益，防范和化解期货市场的风险而制定的。

结算是指根据交易结果和交易所有关规定对交易所会员交易的保证金、盈亏、手续费、交割货款及其他有关款项进行计算、划拨的业务活动。一般而言，交易所的结算实行保证金制度、每日无负债结算制度和风险准备金制度等，交易所只对会员进行结算，经纪会员对投资者进行结算。

期货交易的结算是由专门的结算机构来进行的，我国的结算机构是各交易所内设置的结算部。结算部负责交易所期货交易的统一结算、保证金管理、风险准备金管理及结算风险的防范。

结算机构的主要职责是：控制结算风险；登录和编制会员的结算账表；办理资金往来汇划业务；统计、登记和报告交易结算情况；处理会员交易中的账款纠纷；办理交割结算业务；按规定管理风险准备金。

交易所还指定结算银行来协助交易所办理期货交易结算业务。交易所在各结算银行开设专用的结算账户，用于存放会员的保证金及相关款项。会员须在结算银行开设专用资金账户，用于存放保证金及相关款项。交易所与会员之间期货业务资金的往来通过交易所专用结算账户和会员专用资金账户办理。交易所对会员存入交易所专用结算账户的保证金实行分账管理，为每一位会员设立明细账户，按日序时登记核算每一位交易会员的出入金、盈亏、交易保证金、手续费等。经纪会员对投资者存入会员专用资金账户的保证金实行分账管理，为每一位投资者设立明细账户，按日序时登记核算每一位投资者的出入金、盈亏、交易保证金、手续费等。

3.1.2　每日无负债结算制度

每日无负债结算制度又称逐日盯市制度，是指每日交易结束后，交易所按当日结算价结算所有合约的盈亏、交易保证金及手续费、税金等费用，对应收应付的款项实行净额一次划转，相应增加或减少会员的结算准备金。

微课2

每日无负债结算

当日结算价是指某一期货合约当日成交价格按照成交量计算的加权平均价。当日无成交价格的，以上一交易日的结算价作为当日结算价。

当日盈亏在每日结算时进行划转，当日盈利划入会员结算准备金，当日亏损从会员

结算准备金中扣划。

当日结算时的交易保证金超过前一日结算时的交易保证金部分从会员结算准备金中扣划，当日结算时的交易保证金低于昨日结算时的交易保证金部分划入会员结算准备金。

手续费、税金等各项费用从会员的结算准备金中扣划。

结算准备金余额的具体计算公式如下：

$$\begin{matrix}\text{当日结算} \\ \text{准备金} \\ \text{余额}\end{matrix} = \begin{matrix}\text{上一交易日} \\ \text{结算准备} \\ \text{金余额}\end{matrix} + \begin{matrix}\text{上一交} \\ \text{易日交易} \\ \text{保证金}\end{matrix} - \begin{matrix}\text{当日交} \\ \text{易保} \\ \text{证金}\end{matrix} + \begin{matrix}\text{当日权利凭证} \\ \text{作为保证金的} \\ \text{实际可用金额}\end{matrix} - \begin{matrix}\text{上一交易日权利} \\ \text{凭证作为保证金的} \\ \text{实际可用金额}\end{matrix} + \begin{matrix}\text{当日} \\ \text{盈亏}\end{matrix} + \begin{matrix}\text{入} \\ \text{金}\end{matrix} - \begin{matrix}\text{出} \\ \text{金}\end{matrix} - \begin{matrix}\text{手} \\ \text{续} \\ \text{费}\end{matrix}$$

保证金一般以货币资金缴纳，我国期货交易所规定也可用上市流通国库券、标准仓单等来折抵期货保证金。例如，上海期货交易所规定，以标准仓单作为保证金的，按该品种最近交割月份期货合约的当日结算价为基准价核算其市值，作为保证金的金额不高于标准仓单市值的80%。其中，标准仓单特指大连商品交易所、郑州商品交易所或上海期货交易所制定的，交易所指定交割仓库在完成入库商品验收、确认合格后签发给货主并在交易所注册，可在交易所流通的实物提货凭证。

结算完毕后，会员的结算准备金低于最低余额时，该结算结果即视为交易所向会员发出的追加保证金通知，两者的差额即为追加保证金金额。

交易所发出追加保证金通知后，可通过结算银行从会员的专用资金账户中扣划。若未能全额扣款成功，会员必须在下一交易日开市前补足至结算准备金最低余额。未补足的，若结算准备金余额大于零而低于结算准备金最低余额，不得开新仓；若结算准备金余额小于零，则交易所将按相关规定进行处理。

交易所可根据市场风险和保证金变动情况，在交易过程中进行结算并发出追加保证金通知，会员须在通知规定的时间内补足追加保证金；未按时补足的，按相关规定处理。

3.2 风险控制规则

为加强期货交易风险管理，维护交易当事人的合法权益，期货交易所一般都制定完整的风险控制规则，交易所风险管理实行保证金制度、涨跌停板制度、投机头寸限仓制度、大户报告制度、强行平仓制度、风险警示制度等。

3.2.1 保证金制度

在期货交易中，任何交易者都必须按照其所买卖期货合约价值的一定比例（通常为5%~10%）缴纳资金，作为其履行期货合约的财力担保，然后才能参与期货合约的买卖，并视价格变动情况确定是否追加资金。这种制度就是保证金制度，所交的资金就是保证金。

保证金制度既体现了期货交易特有的"杠杆效应"，同时也成为交易所控制期货交易风险的一种重要手段。

知识链接 3-1

上海期货交易所的保证金制度

以上海期货交易所为例，交易所实行保证金制度。保证金分为结算准备金和交易保证金。结算准备金是指会员为了交易结算在交易所专用结算账户中预先准备的资金，是未被合约占用的保证金，会员可以自由划出，但不得低于最低余额。期货经纪公司会员结算准备金最低余额为200万元，以期货经纪公司会员自有资金足额缴纳。交易保证金是指会员存入交易所专用结算账户中确保合约履行的资金，是已被合约占用的保证金，交易保证金属于已冻结资金，无法自由支配。当买卖双方成交后，交易所按持仓合约价值的一定比例向双方收取交易保证金。

资料来源：根据《上海期货交易所风险控制管理办法》相关资料整理。

另外，经纪会员代理投资者交易，须向投资者收取的交易保证金，习惯上称为客户交易保证金，经纪会员向投资者收取的客户交易保证金不得低于交易所向会员收取的交易保证金。以上海期货交易所为例，铜期货合约的最低交易保证金为合约价值的5%。

在铜期货合约的交易过程中，当出现下列情况时，交易所可以根据市场风险调整其交易保证金水平：

（1）持仓量达到一定的水平时；

（2）临近交割期时；

（3）连续数个交易日的累计涨跌幅达到一定水平时；

（4）连续出现涨跌停板时；

（5）遇国家法定长假时；

（6）交易所认为市场风险明显增大时；

（7）交易所认为必要的其他情况。

交易所根据铜期货合约持仓的不同数量和上市运行的不同阶段（即从该合约新上市挂牌之日起至最后交易日止）制定不同的交易保证金收取标准。具体规定如下：

其一，交易所根据合约持仓大小调整交易保证金比例。

其二，交易所根据合约上市运行的不同阶段（是否临近交割期）调整交易保证金。

知识链接 3-2

上海期货交易所铜期货合约上市运行不同阶段的交易保证金收取标准

上海期货交易所铜期货合约上市运行不同阶段的交易保证金收取标准见表3-1。

表3-1　　　　铜期货合约上市运行不同阶段的交易保证金收取标准

交易时间段	铜交易保证金比例（%）
合约挂牌之日起	5
交割月前第一个月的第一个交易日起	10
交割月份的第一个交易日起	15
最后交易日前第二个交易日起	20

资料来源：根据《上海期货交易所有色金属手册》（2019年3月版）整理。

3.2.2　涨跌停板制度

涨跌停板制度是指期货合约在一个交易日中的成交价格不能高于或低于以该合约上一交易日结算价为基准的某一涨跌幅度，超过该范围的报价将被视为无效报价，不能成交。在涨跌停板制度下，前一交易日结算价加上允许的最大涨幅构成当日价格上涨的上限，称为涨停板；前一交易日结算价减去允许的最大跌幅构成当日价格下跌的下限，称为跌停板。因此，涨跌停板又叫每日价格最大波动幅度限制。涨跌停板的幅度有百分比和固定数量两种形式，如上海期货交易所的铜、铝期货涨跌停板幅度为5%，涨跌停板的绝对幅度随前一交易日结算价的变动而变动；而郑州商品交易所曾经的绿豆合约则是以前一交易日结算价为基准，上下波动1 200元/吨作为涨跌停板幅度。

涨跌停板制度与保证金制度相结合，对于保障期货市场的运转、稳定期货市场的秩序以及发挥期货市场的功能具有十分重要的作用。

（1）保障保证金制度有效实施。涨跌停板的幅度锁定了客户及会员单位每一交易日可能新增的最大亏损，从而使期货交易的保证金制度得以有效实施。一般情况下，期货交易所向会员收取的保证金要大于在涨跌幅度内可能发生的亏损金额，从而保证当日在期货价格的变动达到涨跌停板幅度时也不会出现透支情况。

（2）防止价格暴涨暴跌。涨跌停板制度的实施，可以有效地减缓和抑制突发事件和过度投机行为对期货价格的冲击，给市场一定的时间来充分化解这些因素对市场所造成的影响，防止价格的暴涨暴跌，维护正常的市场秩序。

（3）更好地发挥期货市场的功能。涨跌停板制度使期货价格在更为理性的轨道上运行，从而使期货市场更好地发挥价格发现的功能。市场供求关系与价格间的相互作用应该是一个渐进的过程，但期货价格对市场信号和消息的反应有时过于灵敏。通过实施涨跌停板制度，可以延缓期货价格波幅的实现时间，从而更好地发挥期货市场的价格发现功能。在实际交易过程中，当某一交易日以涨跌停板收盘后，下一交易日价格的波幅往往会缩小，甚至出现反转，这种现象恰恰说明了涨跌停板制度的上述作用。

（4）控制风险。在出现过度投机和操纵市场等异常现象时，调整涨跌停板幅度往往成为交易所控制风险的一个重要手段。例如，当交割月出现连续无成交量而价格跌停板的单边市场行情时，通过适度缩小跌停板幅度，可以减慢价格下跌的速度、减小价格下跌的幅度，把交易所、会员单位及交易者的损失控制在相对较小的范围之内。

【例3-1】某客户在7月2日买入上海期货交易所铝9月期货合约一手，价格为15 050元/吨，该合约当天的结算价格为15 000元/吨。一般情况下，该客户在7月3日最高可以按照什么价格将该合约卖出？

解：涨停板价格=上一交易日结算价×（1+每日价格最大波动上限）
=15 000×（1+5%）
=15 750（元/吨）

3.2.3　投机头寸限仓制度

期货交易所为了防止市场风险过度集中于少数交易者和防范操纵市场行为，实行投机头寸限仓制度。限仓是指交易所规定会员或投资者可以持有的，按单边计算的某一合约投机头寸的最大数额。一般情况下，为了使合约期满日的实物交割数量不至于过大，引发大面积交割违约风险，距离合约交割期越近，会员和客户的合约持仓限量越小。

知识链接 3-3

上海期货交易所的限仓制度

上海期货交易所限仓实行以下基本制度：

1.根据不同期货品种的具体情况，分别确定每一品种每一月份合约的限仓数额；

2.某一月份合约在其交易过程中的不同阶段，分别适用不同的限仓数额，进入交割月份的合约限仓数额从严控制；

3.采用限制会员持仓和限制投资者持仓相结合的办法，控制市场风险；

4.套期保值交易头寸实行审批制。

3.2.4 大户报告制度

大户报告制度是与限仓制度紧密相关的另外一种控制交易风险、防止大户操纵市场行为的制度。期货交易所建立限仓制度后，当会员或客户某品种持仓合约的投机头寸达到交易所对其规定的投机头寸持仓限量的80%以上（含本数）时，必须向交易所申报。申报的内容包括客户的开户情况、交易情况、资金来源、交易动机等，便于交易所审查大户是否有过度投机和操纵市场的行为以及大户的交易风险情况。

3.2.5 强行平仓制度

强行平仓制度是指交易所按有关规定对会员、投资者持仓实行强行平仓的一种强制性风险控制措施，具体是指在出现特殊情况时，交易所对会员、投资者的持仓予以强制性对冲以了结部分或全部持仓的行为。强行平仓制度的实行，能及时制止风险的扩大和蔓延。

知识链接 3-4

上海期货交易所的强行平仓制度

上海期货交易所规定，当会员、投资者出现下列情况之一时，交易所对其持仓实行强行平仓：

（1）会员结算准备金余额小于零，并未能在规定时限内补足的。

（2）持仓量超出其限仓规定的。

（3）因违规受到交易所强行平仓处罚的。

（4）根据交易所的紧急措施应予强行平仓的。

（5）其他应予强行平仓的情况。

资料来源：根据《上海期货交易所风险控制管理办法》相关资料整理。

案例分析 3-1

上海原油继续下跌10% 期货公司称"风控压力大"

2020年3月11日，在经历两个连续跌停板后，上海期货交易所原油期货迎来开板，早盘以287元/桶低开，一举击穿300元/桶关口，盘中跌幅一度扩大至11%，触及跌停。截至当日下午收盘，原油期货收报275元/桶，跌幅达10.6%，避免了"三连板"

行情。

业内人士表示，在原油绝对价格较低的情况下，市场抄底情绪较为浓烈。但由于国内夜盘暂停交易，隔夜市场风险很大，导致抄底的投资者交易心态出现了一些微妙的偏空变化。

大地期货研发部研究总监周文科对经济观察网表示，对标国际油价，上海原油已经补跌到位，后续再继续大跌的概率比较小。但在目前全球新冠肺炎疫情看不到拐点时，需求预期难以恢复，原油价格也难言已经见底。

调保调板

值得注意的是，当日收盘后，上期所紧急发布通知，自2020年3月11日（周三）收盘结算时起，原油期货合约的交易保证金比例调整为11%，从下一个交易日起，原油期货合约的涨跌停板幅度调整为10%。

周文科告诉经济观察网，交易所提高保证金比例和涨跌停幅度，主要是为了降低投资者的交易杠杆，起到保护投资者的作用。

记者注意到，面对国际油价出现史诗级暴跌，日前，已经有多家期货公司通过临时调高保证金比例等方式防控风险。

上海某期货公司人士称，"为了防止投资者爆仓风险，公司3月9日收盘后对有原油及相关品种持仓的客户临时提保，这波行情结束就恢复"。该人士表示，这几天公司风控人员很忙，每天结算后显示超保（保证金不足）的账户，第二天开盘前资金不到位会被强行平仓。

记者注意到，上海另一家期货公司从3月9日结算时起，大幅提高了原油、燃油、沥青、天然橡胶、甲醇等期货合约的多头持仓公司保证金，加收标准调整为4%～9%不等。

此外，国信期货3月9日收盘后发布公告称，因近期市场风险波动较大，自2020年3月9日结算时起，上调部分期货品种交易保证金比例。公告显示，该公司原油、燃料油保证金比例调整到了20%，沥青、天胶、20号胶调整到了18%，其他部分品种亦调整到11%～16%不等。

杭州某期货公司人士告诉记者，近几日原油价格波动剧烈，每家期货公司的风控压力都很大，其所在公司上下都动了起来，通过各种渠道给客户提示风险、做好风险防范。

资料来源：陈姗. 上海原油继续下跌10%期货公司称"风控压力大"[N]. 经济观察报，2020-03-11.

问题：根据上述资料，分析面对原油期货价格史无前例的暴跌，期货交易所和期货公司采取了哪些风险控制制度？

分析提示：保证金制度、涨跌停板制度等。

3.2.6　风险警示制度

风险警示制度是指当交易所认为必要时，可以分别或同时采取要求报告情况、谈话提醒、书面警示、公开谴责、发布风险警示公告等措施中的一种或多种，以警示和化解风险。

知识链接 3-5

上海期货交易所的风险警示制度

上海期货交易所规定，出现下列情形之一的，交易所可以约见指定的会员高管人员或投资者谈话提醒风险，或要求会员或投资者报告情况：期货价格出现异常；会员或投资者交易异常；会员或投资者持仓异常；会员资金异常；会员或投资者涉嫌违规、违约；交易所接到投诉涉及会员或投资者；会员涉及司法调查；交易所认定的其他情况。发生下列情形之一的，交易所可以发出风险警示公告，向全体会员和投资者警示风险：期货价格出现异常；期货价格和现货价格出现较大差距；国内期货价格和国际市场价格出现较大差距；交易所认定的其他异常情况。

资料来源：根据《上海期货交易所风险控制管理办法》相关资料整理。

案例分析 3-2

"327国债期货事件"24周年祭：万国证券与中经开的多空对决

2019年2月23日，距离1995年2月23日"327国债期货事件"过去整整24年。

所谓"327"，是一个国债期货合约的代号，对应1992年发行、1995年6月到期兑付的3年期国库券，该券发行总量是240亿元人民币。20世纪90年代初，国债发行非常困难，老百姓普遍不愿购买。国家决定引入发达国家的交易方式，使国债更具流通性和价格弹性。1992年12月，上海证券交易所设计并推出了12个品种的期货合约。

第二年，也就是1993年，财政部决定参照央行公布的保值贴补率，给予一些国债品种保值补贴。国债收益率开始出现不确定性，炒作空间扩大了，国债市场开始火爆，聚集的资金量远远超过了股市。

"327"现券票面利率为9.5%，如果不计保值贴补，到期本息之和为128.5元。在1991—1994年中国通胀率一直居高不下的这3年里，保值贴息率一直在7%~8%的水平上。

当时中国第一大券商万国证券的总经理，有"证券教父"之称的管金生预测，327国债的保值贴息率不可能上调，估计应维持在8%的水平。按照这一计算，327国债将以132元的价格兑付。因此当市价在147~148元波动的时候，万国证券联合高岭、高原兄弟执掌的辽宁国发集团，开始大举做空。

空方的对手，是隶属于财政部的中国经济开发信托投资公司（以下简称"中经开"）和众多市场大户。

当所有空头以市场化的眼光断定保值贴补率不可能再增加时，财政部发布公告称，327国债将按148.50元兑付，保值贴补率竟然提高到12.98%！

1995年2月23日一开盘，双方展开生死厮杀，下午辽宁国发集团的高氏兄弟看到势头不对，突然调转枪口做多，万国证券被逼进死胡同，面临60亿元巨额亏损。

收市前8分钟，万国证券违规下单，透支卖出国债期货。最后一个卖单对应面值1460亿元，而327国债总价值仅仅300多亿元。如果按照收盘价交割，以中经开为代表的多头将出现约40亿元的巨额亏损，全部爆仓！

　　当晚10点，上交所经过紧急会议后宣布：2月23日16时22分13秒之后的所有交易是异常的、无效的，当日327品种的收盘价为151.30元。市场被上交所翻转。

　　可以说，"327国债期货事件"深刻改变了中国证券市场的进程。上交所的这一决定让万国证券亏损56亿元，濒临破产。万国证券后来被申银证券接管，管金生被捕入狱，辽宁国发集团高岭兄弟人间蒸发，至今踪迹皆无。

　　1995年5月17日下午5时40分，中国证监会新闻发布室里，时任证监委副主席李剑阁宣布：经国务院同意，现决定全国范围内暂停国债期货交易。18年之后，2013年9月6日，国债期货重新鸣锣上市。

　　问题：结合"327国债期货事件"，分析期货交易所应如何防范期货交易风险。

　　资料来源：佚名. "327国债期货事件" 24周年祭："四大赢家"三死一坐牢 [EB/OL]. [2019-03-27]. https://futures.hexun.com/2019-03-27/196634597.html. 有删减。

　　问题：请根据材料，分析"327国债期货事件"给了我们什么教训。

　　分析提示：完善期货交易所规则非常重要。

知识掌握

　　3.1　什么是逐日盯市制度？

　　3.2　什么是保证金制度？

　　3.3　什么是结算准备金？什么是交易保证金？

　　3.4　什么是投机头寸限仓制度？

　　3.5　什么是大户报告制度？

　　3.6　什么是强行平仓制度？

知识应用

□ 案例分析

为什么会出现"负油价"？美国原油期货暴跌至负值

2020年，我们不断见证历史！见证过美股数次熔断后，此次，我们见证了"负油价"。

美国当地时间4月20日，国际油价创下一项新纪录，美国5月份轻质原油期货WTI价格暴跌，创下历史新低，首次跌至负值。

当日，即将到期的5月美国轻质原油期货价格暴跌约300%，收于每桶-37.63美元。这是自石油期货从1983年在纽约商品交易所开始交易后首次跌入负数交易。同日，6月交货的伦敦布伦特原油期货价格下跌2.51美元，收于每桶25.57美元，跌幅为8.94%。

为何会暴跌，出现"负油价"？

高盛表示，油价暴跌是石油市场史无前例供给过剩的表现。

市场分析人士认为，石油输出国组织（OPEC）和主要产油国的减产行动要在5月1日才开启，而近期受疫情影响，需求大减导致存量激增，市场供需严重失衡，导致油价暴跌。

国际货币基金组织（IMF）最新报告预计，2020年全球经济将收缩3%。OPEC发布的石油市场月度报告预测，2020年全球石油日均需求降低685万桶，这将是自2009年和金融危机以来全球石油消费首次出现年度下降；4月份全球石油需求日均减少2 000万桶，为历史最大降幅。

此次暴跌的合约是马上到期的美国纽约商品交易所5月份轻质原油期货合约，正常情况下即将换月的两种原油期货合约的价差不会过大，但即将到期的美国原油期货5月份合约和6月份合约的价差已经超过10美元，投资者若要保持相同的头寸，成本将翻番，这十分罕见。

Axicorp金融服务公司首席全球市场策略师因涅斯认为，市场认为减产协议对平衡原油市场是不够的，眼下投资者不惜一切代价抛售，没人愿意交割。

由于新冠肺炎疫情的影响，美国大部分地区仍处于禁售状态。美国原油期货5月份合约的主要买家是炼油厂或航空公司等实际接收交割的实体。但这些机构的储油设施是满的，几乎没有买家愿意为这一合约的期货支付费用。

美国能源信息署（EIA）的数据显示，美国原油库存连增12周，已攀升至近3年新高。

截至4月10日当周，美国原油库存较此前一周增加1 924.8万桶，远超预期的1 167.6万桶，前值增加1 517.7万桶。美国原油库存已连续12周增长，涨幅继续刷新纪录，原油总库存水平已创2017年6月以来最高水平，美国汽油库存则处于纪录高位。位于俄克拉何马州库欣（Cushing）的储油罐的储存量目前已达到69%，高于4周前的49%。在这样的情况下，原油生产商只能通过削减未来数月的采油量并降低近月的原油价格，削减库存，降低生产成本。

标普全球普氏能源资讯分析师ChrisMidgley表示，库欣是内陆城市，原油库容很可能在3周内填满，一旦填满，WTI原油期货合约进行实物交割将更加困难。

"负油价"意味着什么？

"负油价"意味着，将油运送到炼油厂或存储的成本已经超过了石油本身的价值，众多中小石油企业将面临破产风险。

据媒体报道，美国疫情引发了基础设施和交通物流不畅等问题，原油很难外输或储存。纯粹为了经济性而关井停产是有风险的，所以要接着生产。如果储罐库容不够或者存储成本过高，生产商宁愿接受"负油价"，不得不赔钱让买家拉走。

不过需要说明的是，负数不代表大家以后加油免费还倒贴钱，跌至负值的只是马上到期的5月份轻质原油期货合约，不是原油现货价格，美油6月期货合约交易价格仍处于20美元以上，布伦特原油目前也仍以超过25美元的价格交易。

从市场反应来看，北京时间21日，国际油价反弹上涨，NYMEX原油期货主力合约涨逾7%，报于22美元/桶附近。布伦特原油期货主力合约涨逾1.5%，报于29.6美元/桶附近。

资料来源：佚名. 为什么会出现"负油价"？美国原油期货暴跌至负值 [EB/OL]. [2020-04-21]. http://www.chinanews.com/cj/2020/04-21/9162969.shtml.

问题：请根据材料，分析在原油期货跌至负数这一事件中，期货交易所制度有没有需要完善的地方。

分析提示：期货交易所需要完善交易规则，防止市场被恶意操纵。

□ 实践训练

参观一家期货经纪公司，实地了解期货经纪公司的各个部门是如何防范和化解日常期货交易中存在的各种风险的。

要求：

①考察该期货经纪公司的资产、业务经营情况以及它的全国网点分布情况。

②了解该期货经纪公司有哪些业务部门，每个部门的具体职责是什么。

③考察每个职能部门在日常期货交易中面临着哪些风险。

④掌握这些职能部门是如何处理这些风险的。

第4章　期货交易的流程

学习目标

在学习完本章之后，你应该能够：了解期货交易的流程；掌握期货逐日盯市结算的计算方法；熟悉期货交易的主要结算单；了解期货交易行情等信息。

引　例

股指期货的交易流程

一个完整的股指期货交易流程包括开户、下单、结算、平仓或交割四个环节。其具体内容如下：

（1）开户：投资者欲参与股指期货交易，需要符合股指期货投资者适当性制度的相关要求，与符合规定的期货公司签署期货交易风险揭示书、股指期货交易特别风险揭示书和期货经纪合同，开立期货账户，获得交易编码。

（2）下单：指投资者在每笔交易前向期货公司下达交易指令，说明拟买卖合约的种类、方向、数量、价格等的行为。股指期货具有双向交易机制，投资者在下单时要特别注意买卖的方向，留意是开仓还是平仓。

（3）结算：股指期货采用当日无负债结算制度。每个交易日收市后，期货公司根据当日结算价对投资者的交易保证金、盈亏、手续费及其他有关款项进行计算和划转。投资者应及时关注结算单的信息，确保期货保证金账户中的保证金余额符合规定的要求。

（4）平仓：股指期货合约都有到期日，投资者欲在合约到期前了结所持仓合约，可以选择平仓操作。与买入开仓对应的是卖出平仓，与卖出开仓对应的是买入平仓。

（5）交割：与商品期货的实物交割不同，股指期货采用现金交割方式。在合约到期时，以交割结算价为基准，计算并划转持仓双方的盈亏，了结所有未平仓合约。

资料来源：根据中国金融期货交易所网站资料整理。

这一案例表明：一个完整的期货交易流程包括开户、下单、结算、平仓和交割等环节。

4.1　期货交易的流程概述

期货交易的流程主要包括开户、下单、成交、结算、交割等环节。全面了解期货交易的各主要业务流程，有助于投资者正确行使交易过程中的权利与义务，保证交易行为的畅通与完整。

4.1.1　开户

由于进入期货交易所交易的只能是期货交易所的会员，所以，普通的投资者在进入期货市场交易之前，应首先选择一家信誉良好、资金安全、运作规范、收费合理、具有交易所会员资格的期货经纪公司。

投资者在选定期货经纪公司后，即可向该期货经纪公司提出委托申请，开立期货交易账户。所谓期货交易账户，是指期货交易者开设的用于交易履约保证的一个资金账户。开立账户的过程实质上就是投资者（委托人）与期货经纪公司（代理人）建立法律关系的过程。开户的具体程序如图4-1所示。

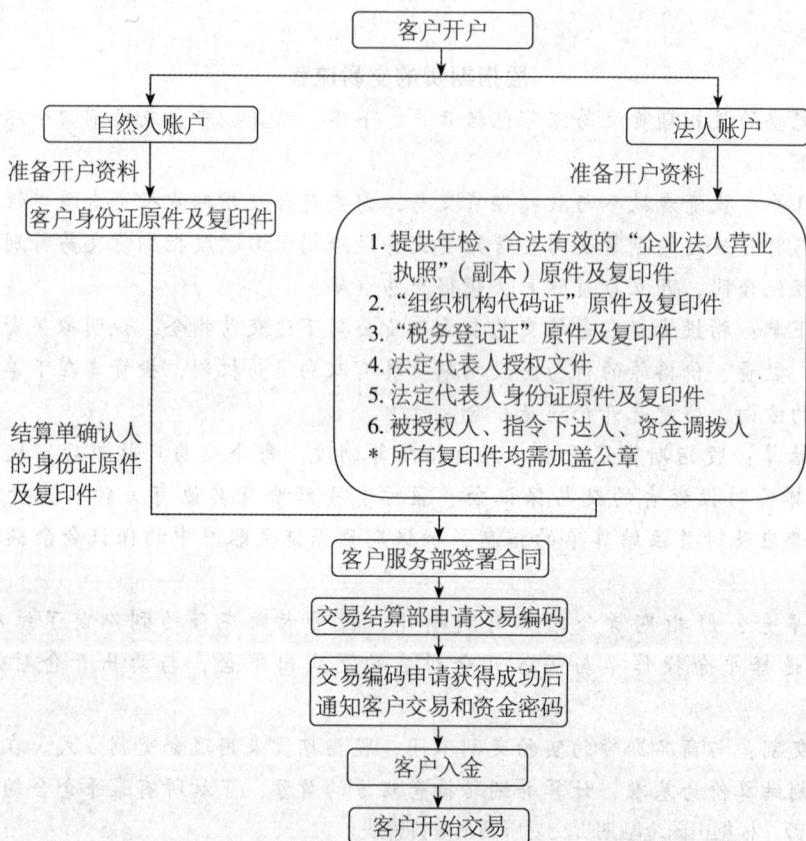

图4-1　期货经纪公司客户开户流程图

1）风险揭示

客户委托期货经纪公司从事期货交易，必须事先在期货经纪公司办理开户登记。期货经纪公司在接受客户开户申请时，应向客户提供"期货交易风险揭示书"。"期货交易风险揭示书"是标准化的，是由证监会统一制作的，其主要包含技术、交易、信息、政策等风险。客户在仔细阅读和理解后，在该"期货交易风险揭示书"上签字，单位客户由单位法定代表人签字，并加盖单位公章。

2）签署合同

期货经纪公司在接受客户的开户申请时，双方需签署《期货经纪合同》。个人开户应提供本人身份证、留存印鉴或签名样卡；单位开户应提供"企业法人营业执照"复印件，并提供法定代表人及本单位期货交易业务执行人的姓名、联系电话、单位及其法定代表人或单位负责人印鉴等书面材料及法定代表人授权期货交易业务执行人的书面授权书。

3）填写登记表

交易所实行客户交易编码登记备案制度，客户开户时应按自己的基本情况填写"期货交易登记表"，经纪公司会员按交易所统一的编码规则为客户分配交易编码，一户一码，专码专用，不得混码交易。

知识链接 4-1

上海期货交易所交易编码的安排

以上海期货交易所为例，交易编码分非经纪会员交易编码和投资者交易编码。交易编码由会员号和投资者号两部分组成。投资者交易编码由十二位数字构成，前四位数是会员号，后八位数是投资者号，如投资者交易编码000100001535，会员号为0001，投资者号为00001535。非经纪会员交易编码和投资者交易编码位数相同，但后八位是其会员号。非经纪会员交易编码与投资者交易编码互不占用，0001至1000号预留给非经纪会员，投资者号从1001号开始编制。一个投资者在交易所内只能有一个投资者号，但可以在不同的经纪会员处开户，其交易编码只能是会员号不同，而投资者号必须相同。

资料来源：根据《上海期货交易所交易细则》相关资料整理。

4）缴纳保证金

上述各项手续完成后，期货经纪公司将为客户制编一个期货交易账户，并按规定存入其应缴纳的开户保证金。期货经纪公司向客户收取的保证金，属于客户所有，期货经纪公司除按照证监会的规定为客户向期货交易所交存保证金，进行期货交易结算外，严禁挪作他用。

4.1.2 下单

客户在按规定缴纳开户保证金后，即可开始交易，进行委托下单。

所谓下单，是指客户在每笔交易前向期货经纪公司业务人员下达交易指令，说明拟买卖合约的种类、数量、价格等的行为。

交易指令的内容一般包括期货交易的品种、交易方向、数量、月份、价格、期货交易所名称、客户名称、客户编码和账户、期货经纪公司和客户签名等。

我国期货交易所规定的交易指令有两种，即限价指令和取消指令，交易指令当日有效。在指令成交前，客户可提出变更和撤销。

限价指令是指执行时必须按限定价格或更好的价格成交的指令。下达限价指令时，客户必须指明具体的价位。它的特点是可以按客户预期的价格成交，但同时也存在无法成交的可能性。

取消指令是指客户要求将某一指定指令取消的指令。客户通过执行该指令，将以前下达的指令完全取消。客户可以通过书面、电话或中国证监会规定的其他方式进行下单。

（1）书面下单。书面下单是指客户亲自填写交易单，填好后签字，交给期货经纪公司交易部，再由期货经纪公司交易部通过电话报单至该期货经纪公司在期货交易所场内的出市代表，由出市代表输入指令进入交易所主机撮合成交。

（2）电话下单。电话下单是指客户通过电话直接将指令下达到期货公司交易部，再由交易部通知出市代表下单，期货经纪公司需将客户指令录音，以备查证。事后，客户应在交易单上补签姓名。

（3）网络下单。网络下单是指客户通过期货经纪公司提供的交易软件进行下单，将交易指令下达至期货经纪公司服务器，在期货经纪公司核对客户账户、密码确认无误后将交易指令发送至期货交易所交易系统。事后，客户应在交易单上补签姓名。图4-2为某期货公司网上委托下单界面。

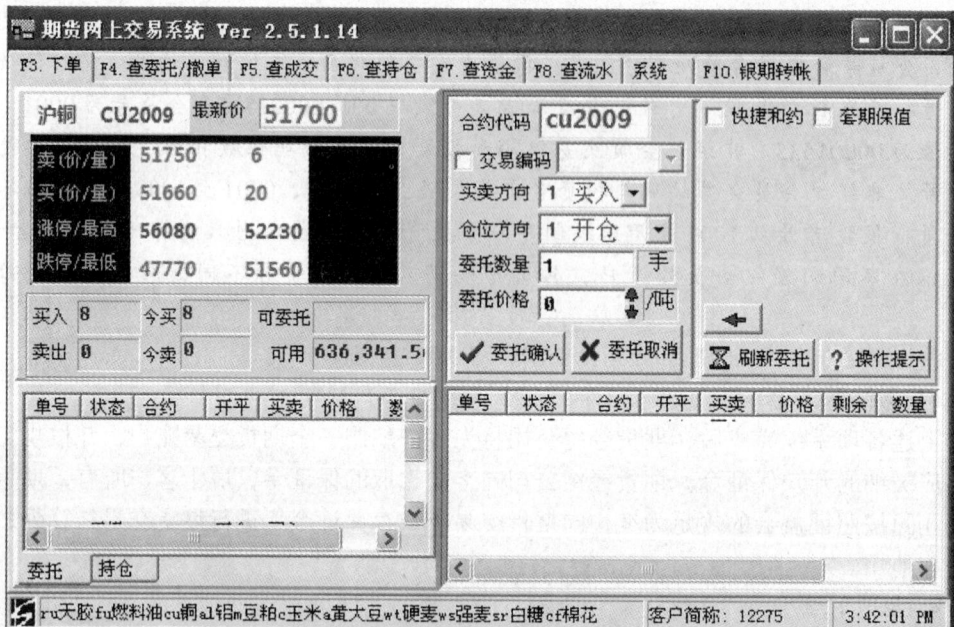

图4-2　某期货公司网上委托下单界面

结合图4-2，下面按委托下单的步骤讲解一些基本概念。

（1）合约。进行委托下单时首先要选择拟交易的期货合约，可通过下拉式菜单选择期货合约代码。当正确选择存在的合约代码后，在状态条上会显示出最新的买入价、卖出价、买入量、卖出量、涨停价、跌停价。

比如，这里选择交易上海期货交易所的沪铜CU2009期货合约，选择后，系统会显示铜CU2009期货合约的即时最新行情：买价：51 660元/吨；买量：20手；卖价：51 750元/吨；卖量：6手；涨停价：56 080元/吨；跌停价：47 770元/吨。

（2）买卖方向。选择完拟交易的期货合约后即可选择买卖方向，通过下拉菜单选择卖出/买入。

（3）仓位方向。选择完买卖方向后，根据本次交易的性质，通过下拉菜单，从开仓、平仓、平今中选择一项。

开仓是指投资者建立新合约。由于期货是双向交易，因此投资者既可以先开仓买入，也可以开仓卖出。开仓买入期货合约，也就是做多，投资者认为期货价格会涨；相反，开仓卖出期货合约，也就是做空，投资者认为期货价格会下跌。

投资者开仓之后没有平仓的合约，叫作未平仓合约，也叫持仓。

投资者开仓买入后的持仓叫买入持仓，简称买持，也可以称为多头持仓，或者叫多头部位、多头头寸、多仓、多单等；投资者开仓卖出后的持仓叫卖出持仓，简称卖持，也可以称为空头持仓，或者叫空头部位、空头头寸、空仓、空单等。开仓意味着投资者持仓在增加。

平仓是指期货投资者了结持仓。平仓意味着投资者持仓在减少。

投资者了结买持，可以做平仓卖出，也就是先开仓买入，后平仓卖出。

投资者了结卖持，可以做平仓买入，也就是先开仓卖出，后平仓买入。

例如，某投资者在9月1日以60 000元/吨的价格开仓买入Cu2009沪铜期货合约10手，这时投资者就有了10手买持。到9月2日，该投资者见期货价格上涨了，盈利了，于是以60 200元/吨平仓卖出6手Cu2009铜期货合约，成交之后，该投资者的持仓就只有4手买持了。

投资者下达买卖指令时一定要注明是开仓还是平仓。如果9月2日该投资者在下单时报的是开仓卖出6手Cu2009沪铜期货合约，成交之后，该投资者的实际持仓是原先的10手买持和新增的6手卖持，合计16手持仓了。

交易系统中的平仓指的是对非当日开仓的合约进行平仓，平今是对当日开仓的合约进行平仓。为了鼓励交易，交易所对当日开仓平仓的交易行为有一定的奖励，通常是只收取单边的手续费，也就是开仓收费、平仓不收费。上海期货交易所使用"平仓""平今仓"指令，大连及郑州商品交易所无"平今仓"指令，客户无论平当日持仓还是历史持仓，均用"平仓"指令。

例如，某投资者昨日开仓买入10手Cu2009沪铜期货合约，今日开盘又开仓买入10手Cu2009沪铜期货合约，则该投资者Cu2009沪铜期货合约总的持仓就是20手。如果想平仓10手的话，可以选择平掉昨日开仓买入的10手或者平掉今天开仓买入的10手。如果平掉昨日开仓买入的10手，手续费照收；如果平掉今日开仓买入的10手，平仓就不收手续费。

（4）数量/价格。数量，即委托的手数，应注意手数必须符合交易所的有关规定。价格，即委托的价格，一般在行情可以查询的情况下，系统会根据买卖标志与合约号自动填上最新价。

（5）投机/保值。一般情况下，投资者的交易动机分为两类，即单纯的投机性交易和套期保值交易，由于交易所对这两类交易的风险控制规则不同，投资者在确认该笔交易前，必须明确该笔交易的动机，如果投资者交易的目的是套期保值，须选择保值项；如果是投机性的交易，可不选择，系统默认为投机交易。

4.1.3　成交

期货合约价格的形成主要有公开喊价和计算机撮合成交两种方式。我国期货交易所采用的均是计算机撮合成交方式。

计算机撮合成交是根据公开喊价的原理设计而成的一种计算机自动化交易方式，是指期货交易所的计算机交易系统对交易双方的交易指令进行配对的过程。

国内期货交易所计算机交易系统的运行，一般是将买卖申报单以价格优先、时间优先的原则进行排序。当买入价大于、等于卖出价时则自动撮合成交，撮合成交价等于买入价（BP）、卖出价（SP）和前一成交价（CP）三者中居中的一个价格，即：

如果 $BP \geq SP \geq CP$，则最新成交价=SP；

如果 $BP \geq CP \geq SP$，则最新成交价=CP；

如果 $CP \geq BP \geq SP$，则最新成交价=BP。

开盘价和收盘价均由集合竞价产生。

当期货经纪公司的出市代表收到交易指令时，在确认无误后输入计算机进行撮合成交，计算机显示成交后，出市代表必须马上将成交结果反馈给期货经纪公司交易部，期货经纪公司交易部将成交结果记录在交易单上并打上时间戳记后，将成交回报记录单报告给客户。成交回报记录单应包括如下几个项目：成交价格、成交手数、成交回报时间等。

【例4-1】上海铜期货市场某一合约的卖出价格为55 500元/吨，买入价格为55 510元/吨，前一成交价为55 490元/吨，那么该合约的撮合成交价应为多少元/吨？

解：SP=55 500，BP=55 510，CP=55 490。

$BP>SP>CP$，则最新成交价=SP=55 500元/吨。

4.1.4　结算

1）期货经纪公司对客户的结算概述

结算包括交易所对会员的结算和期货经纪公司对客户的结算，我们这里介绍的是期货经纪公司对客户的结算。

期货经纪公司在每一交易日结束后须对每一客户的盈亏、手续费、保证金等事项进行结算。

期货经纪公司在闭市后向客户发出交易结算单。期货交易结算单以交易品种当日结算价作为基准，对交易头寸进行结算，因此叫作盯市交易结算单。它主要包括资金状况、出入金记录、成交记录、平仓明细、持仓明细、客户签署、追加保证金或强制平仓通知书七个部分。其中，资金状况与客户签署是必须有的部分，其他记录视客户交易情况而变化，无出入金、成交、平仓、持仓、追加保证金或强制平仓通知书时则无记录。

当每日结算后客户保证金低于期货交易所规定的保证金水平时，期货经纪公司按照期货经纪合同约定的方式通知客户追加保证金。客户不能按时追加保证金的，期货经纪公司应当将该客户部分或全部持仓强行平仓，直至保证金余额能够维持其剩余头寸。

客户对交易结算单记载事项有异议的，应当在下一交易日开市前向期货经纪公司提出书面异议；客户对交易结算单记载事项没有异议的，应当在交易结算单上签字确认或者按照期货经纪合同约定的方式确认；客户既未对交易结算单记载事项确认，也没有提出异议的，视为对交易结算单的确认。对于客户有异议的，期货经纪公司应当根据原始指令记录和交易记录予以核实。

2）结算实际案例分析

期货的结算是分级进行的，即期货交易所同会员的结算，会员同客户的结算。一般在实际投资中，我们经常遇到的是会员同客户的结算，下面通过案例来分析会员同客户结算过程中如何计算手续费、保证金、当日盈亏等。

（1）手续费的计算。

手续费的计算公式为：

$$手续费 = \sum 合约成交金额 \times 手续费费率$$

其中：

合约成交金额＝成交价格×合约交易单位×成交手数

（2）保证金的计算。

保证金的计算公式为：

$$当日应缴保证金 = \sum 合约结算价 \times 合约交易单位 \times 持仓量 \times 保证金比率$$

其中，持仓量就是指投资者持有某未平仓合约的手数。

（3）当日盈亏的计算。

当日盈亏的计算公式为：

持仓盈亏=历史持仓盈亏+当日开仓持仓盈亏

（4）保证金余额的计算。

保证金余额的计算公式为：

$$当日结算准备金余额 = 上一交易日结算准备金 + 上一交易日交易保证金 + 当日交易保证金 + 当日盈亏+入金-出金-手续费$$

【例4-2】2月1日，某投资者在永安期货经纪公司存入10万元保证金，准备交易上海期货交易所的铜期货合约。

2月2日，该投资者上午开仓买入5手铜期货合约Cu2004，成交价为61 000元/吨，在下午合约Cu2004上涨至61 200元/吨时平仓卖出2手，收市后，合约Cu2004的结算价为61 300元/吨。

2月3日，铜价发生大幅下跌，该投资者出于防范风险的目的，以成交价60 000元/吨平仓卖出2手Cu2004，收市后，合约Cu2004的结算价为60 100元/吨。

根据上述材料，分别计算2月2日和2月3日该投资者的结算情况。

解：①计算2月2日该投资者的结算情况。

首先，计算手续费。

对于铜期货合约，上海期货交易所规定交易所向会员收取的交易手续费为不高于成交金额的2‰。但是在实际操作当中，由于竞争激烈，期货公司一般通过降低手续费标准来留住或者吸引客户。这里假设会员向客户收取的交易手续费费率为成交金额的5‰。

开仓买入5手Cu2004的成交额=61 000×5×5=1 525 000（元）

平仓卖出2手Cu2004的成交额=61 200×5×2=612 000（元）

全天总成交金额=1 525 000+612 000=2 137 000（元）

应缴手续费=2 137 000×5‰=1 069（元）

其次，计算交易保证金。

该投资者合约Cu2004的持仓量=5-2=3（手）

当日应缴保证金=61 300×5×3×5%=45 975（元）

再次，计算当日盈亏。

平当日仓盈亏=（61 200-61 000）×5×2=2 000（元）

当日开仓持仓盈亏=（61 300-61 000）×5×3=4 500（元）

当日盈亏=2 000+4 500=6 500（元）

最后，计算保证金余额。

当日结算准备金余额=100 000-45 975+6 500-1 069=59 456（元）

②计算2月3日该投资者的结算情况。

首先，计算手续费。

平仓卖出2手Cu2004的成交额=60 000×5×2=600 000（元）

全天总成交金额=600 000（元）

应缴手续费=600 000×5‰=300（元）

其次，计算交易保证金。

该投资者合约Cu2004的持仓量=3-2=1（手）

当日应缴保证金=60 100×5×1×5%=15 025（元）

再次，计算当日盈亏。

平历史仓盈亏=（60 000-61 300）×5×2=-13 000（元）

历史持仓盈亏=（60 100-61 300）×5×1=-6 000（元）

当日盈亏=-13 000-6 000=-19 000（元）

最后，计算保证金余额。

当日结算准备金余额=59 456+45 975-15 025-19 000-300=71 106（元）

3）主要的交易结算单

下面是一份国内某期货经纪公司交易结算单的样本（采用逐日盯市结算）。

（1）资金状况单（见表4-1）。

表4-1　　　　　　　　　　　　　资金状况单　　　　　　　　　　　　　金额单位：元

上日结存：200 408.66	浮动盈亏：0.00	风险度：34.65%
当日存取：0.00	客户权益：218 832.72	
追加保证金：0.00		
当日盈亏：20 000.00	保证金占用：75 825.00	
当日手续费：1 575.94	质押金：0.00	
当日结存：218 832.72	可用资金：143 007.72	

表4-1中：

上日结存，即上一交易日的客户权益。

当日存取，即当日出入金数量。

当日盈亏，即平仓明细中的平仓盈亏与持仓明细中的盯市盈亏之和。

当日手续费，样本中的手续费收取标准为成交金额的7.5‰。

当日结存=上日结存+当日存取+当日盈亏-当日手续费

浮动盈亏，是指所有持仓头寸按买入价或卖出价与当日交易结算价之差乘以手数，再乘以合约单位计算出的盈亏总额。由于是盯市结算单，在此不记录该数据项。

客户权益=当日结存

保证金占用=今日结算价×持仓手数×合约单位×保证金比例

样本中的持仓明细中显示持Cu0306买单15手，今日结算价16 850元，保证金比例为6%，因此，保证金占用为75 825元（16 850×15×5×6%）。

质押金，即客户以标准仓单等作抵押折算成交易保证金时的金额数。

可用资金=客户权益-保证金占用

风险度=保证金占用÷客户权益×100%

当风险度大于100%时，则须追加保证金，当风险度大于130%时将会收到强制平仓通知，样本中，风险度=75 825÷218 832.72×100%=34.65%。

追加保证金，是指当保证金不足时须追加的金额，追加至可用资金不为0。

（2）成交记录单（见表4-2）。

表4-2　　　　　　　　　　　　　　　　成交记录单　　　　　　　　　　　　　　金额单位：元

交易日	合约	成交序号	买卖	投保	成交价	手数	成交额	开平	手续费	平仓盈亏
030118	[A] Cu0306	20030118001434s	卖	投	16 810.00	10	840 500.00	平	630.38	8 000.00
030118	[A] Cu0306	20030118005335b	买	投	16 800.00	10	840 000.00	开	630.00	0.00
030118	[A] Cu0306	20030118012073s	卖	投	16 830.00	5	420 750.00	平今	315.56	750.00

合计　　成交量：25　　成交额：2 101 250.00　　手续费：1 575.94　　平仓盈亏：8 750.00

在表4-2中，买卖是指交易方向；投保是指投机盘与套期保值头寸，通常客户参与的是投机交易。但是作为套期保值头寸就要注明是保值，这样按各交易所的有关规定，在进入交割月前一个月提高保证金时，保值头寸可以得到低于投机头寸的保证金标准。

成交额=成交价×手数×交易单位

表4-2中：

开平，即开仓、平仓，当日平仓称为平今仓。

（3）平仓明细单（见表4-3）。

表4-3　　　　　　　　　　　　　　　　平仓明细单　　　　　　　　　　　　　　金额单位：元

合约	成交序号	买卖	成交价	开仓价	手数	昨结算	平仓盈亏	原成交序号
[A] Cu0306	20030118001434s	卖	16 810.00	16 850.00	10	16 650	8 000.00	20030109012594b
[A] Cu0306	20030118012073s	卖	16 830.00	16 800.00	5	16 650	750.00	20030118005335b

合计　　手数：15　　盈亏：8 750.00

在表4-3中，成交序号要与成交记录单中的成交序号一致。

成交价，即平仓成交价。

开仓价，此平仓头寸的开仓价格。

昨结算，上一交易日交易所公布的合约结算价。

平仓盈亏：

当日平仓盈亏=开仓价与平仓成交价之差×手数×交易单位

隔日平仓盈亏=平仓成交价与昨日结算价之差×手数×交易单位

样本中，12073s是当日平仓单，则：

平仓盈亏=（16 830-16 800）×5×5=750（元）

01434s是隔日平仓单，则：

平仓盈亏=（16 810-16 650）×10×5=8 000（元）

原成交序号，是指平仓头寸开仓时的序号，表明投资者的平仓不必一定按开仓顺序进行，可以挑选投资者认为更合适的头寸平仓。

（4）持仓明细单（见表4-4）。

表4-4 　　　　　　　　　　　　　　　持仓明细单　　　　　　　　　　　　　　　金额单位：元

合约	买持	买入价	卖持	卖出价	昨结算	今结算	浮动盈亏	盯市盈亏	投保
[A] Cu0306	10	16 850.00	0		16 650.00	16 850.00	0.00	10 000.00	投
[A] Cu0306	5	16 800.00	0		16 650.00	16 850.00	1 250.00	1 250.00	投

合计　买持：15　卖持：0　浮动盈亏：1 250.00　盯市盈亏：11 250.00

表4-4中：

买持，即买入持仓量。

卖持，即卖出持仓量。

昨结算，即昨日交易结算价。

今结算，即当日交易结算价。

浮动盈亏=买入价或卖出价与当日交易结算价之差×手数×交易单位

例如，样本中当日结算价为16 850元，买入价为16 850元的10手买单浮动盈亏为0，买入价为16 800元的5手买单浮动盈亏为1 250元（（16 850-16 800）×5×5）。

盯市盈亏：

当日新增持仓=开仓价与今结算之差×手数×交易单位

隔日持仓=今结算与昨结算之差×手数×交易单位

例如，样本中，买入价为16 850元的10手买单是隔日持仓，盯市盈亏为10 000元（（16 850-16 650）×10×5）；买入价为16 800元的5手买单是当日新增持仓，盯市盈亏为1 250元（（16 850-16 800）×5×5）。

投保，即投机或保值。

4.1.5　交割

目前，我国上海期货交易所、大连商品交易所、郑州商品交易所各期货品种都采用实物交割的方式。

　　实物交割的一般程序是：卖方在交易所规定的期限内将货物运到交易所指定的交割仓库，经验收合格后由仓库开具仓单，再经交易所注册后成为标准仓单。进入交割期后，卖方提交标准仓单，买方提交足额货款，到交易所办理交割手续。

　　会员在期货合约实物交割中发生违约行为时，交易所应先代为履约。这些违约行为一般包括：在规定交割期限内，卖方未交付有效标准仓单的；在规定交割期限内，买方未解付货款或解付不足的；卖方交付的商品不符合规定标准的。

　　交易所可采取征购和竞卖的方式处理违约事宜，违约会员应负责承担由此引起的损失和费用。交易所对违约会员还可处以支付违约金、赔偿金等处罚。

法律法规与职业道德　4-1

期货从业人员执业规则

　　中国证监会发布的《期货从业人员管理办法》中对期货从业人员相关的执业规则规定如下：

　　第十三条　期货从业人员必须遵守有关法律、行政法规和中国证监会的规定，遵守协会和期货交易所的自律规则，不得从事或者协同他人从事欺诈、内幕交易、操纵期货交易价格、编造并传播有关期货交易的虚假信息等违法违规行为。

　　第十四条　期货从业人员应当遵守下列执业行为规范：

　　（一）诚实守信，恪尽职守，促进机构规范运作，维护期货行业声誉；

　　（二）以专业的技能，谨慎、勤勉尽责地为客户提供服务，保守客户的商业秘密，维护客户的合法权益；

　　（三）向客户提供专业服务时，充分揭示期货交易风险，不得做出不当承诺或者保证；

　　（四）当自身利益或者相关方利益与客户的利益发生冲突或者存在潜在利益冲突时，及时向客户进行披露，并且坚持客户合法利益优先的原则；

　　（五）具有良好的职业道德与守法意识，抵制商业贿赂，不得从事不正当竞争行为和不正当交易行为；

　　（六）不得为迎合客户的不合理要求而损害社会公共利益、所在机构或者他人的合法权益；

　　（七）不得以本人或者他人名义从事期货交易；

　　（八）协会规定的其他执业行为规范。

　　第十五条　期货公司的期货从业人员不得有下列行为：

　　（一）进行虚假宣传，诱骗客户参与期货交易；

　　（二）挪用客户的期货保证金或者其他资产；

　　（三）中国证监会禁止的其他行为。

　　第十六条　期货交易所的非期货公司结算会员的期货从业人员不得有下列行为：

　　（一）利用结算业务关系及由此获得的结算信息损害非结算会员及其客户的合法权益；

　　（二）代理客户从事期货交易；

　　（三）中国证监会禁止的其他行为。

第十七条　期货投资咨询机构的期货从业人员不得有下列行为：

（一）利用传播媒介或者通过其他方式提供、传播虚假或者误导客户的信息；

（二）代理客户从事期货交易；

（三）中国证监会禁止的其他行为。

第十八条　为期货公司提供中间介绍业务的机构的期货从业人员不得有下列行为：

（一）收付、存取或者划转期货保证金；

（二）代理客户从事期货交易；

（三）中国证监会禁止的其他行为。

第十九条　机构或者其管理人员对期货从业人员发出违法违规指令的，期货从业人员应当予以抵制，并及时按照所在机构内部程序向高级管理人员或者董事会报告。机构应当及时采取措施妥善处理。

机构未妥善处理的，期货从业人员应当及时向中国证监会或者协会报告。中国证监会和协会应当对期货从业人员的报告行为保密。

机构的管理人员及其他相关人员不得对期货从业人员的上述报告行为打击报复。

资料来源：根据《期货从业人员管理办法》整理所得。

4.2　期货行情

投资者熟悉了期货交易流程，办理了相关的开户手续，在正式进入期货交易前，还必须了解期货交易行情。以上海期货交易所为例，期货交易行情是交易所期货信息的重要组成部分，交易所期货交易信息是指在交易所期货交易活动中所产生的所有上市品种的期货交易行情、各种期货交易数据统计资料、交易所发布的各种公告信息以及中国证监会指定披露的其他相关信息。期货交易信息所有权归交易所，由交易所统一管理和发布。

交易所按即时、每日、每周、每月、每年向会员、投资者和社会公众提供期货交易信息。

4.2.1　期货即时行情

期货即时行情是指在交易时间内，与交易活动同步发布的交易行情信息。交易所期货即时行情通过计算机网络传送至交易席位，并通过与交易所签订协议的有关公共媒体和信息商对社会公众发布。

信息内容主要有：商品名称、交割月份、最新价、涨跌、成交量、持仓量、持仓量变化、申买价、申卖价、申买量、申卖量、每笔成交量、结算价、开盘价、收盘价、最高价、最低价、前结算价（如图4-3所示）。

①开盘价。开盘价是指某一期货合约开市前五分钟内经集合竞价产生的成交价格。

②收盘价。收盘价是指某一期货合约当日交易的最后一笔成交价格。

③最高价。最高价是指一定时间内某一期货合约成交价中的最高成交价格。

④最低价。最低价是指一定时间内某一期货合约成交价中的最低成交价格。

⑤最新价。最新价是指某交易日某一期货合约交易期间的最新成交价格。

⑥涨跌。涨跌是指某交易日某一期货合约交易期间的最新价与上一交易日结算价之差。

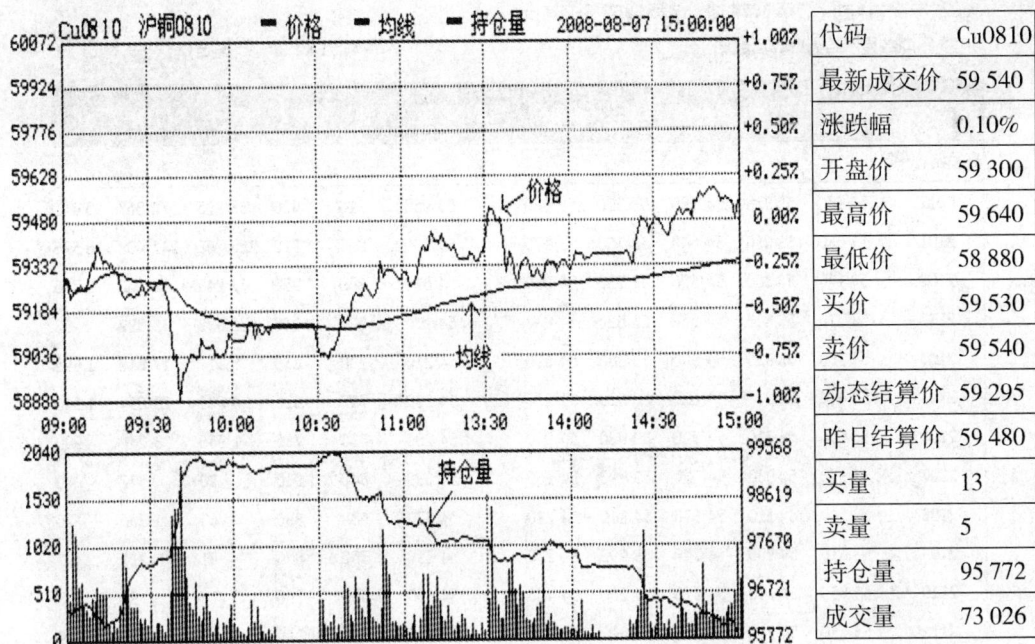

代码	Cu0810
最新成交价	59 540
涨跌幅	0.10%
开盘价	59 300
最高价	59 640
最低价	58 880
买价	59 530
卖价	59 540
动态结算价	59 295
昨日结算价	59 480
买量	13
卖量	5
持仓量	95 772
成交量	73 026

图4-3 期货交易的即时行情

⑦最高买价。最高买价是指某一期货合约当日买方申请买入的即时最高价格。

⑧最低卖价。最低卖价是指某一期货合约当日卖方申请卖出的即时最低价格。

⑨申买量。申买量是指某一期货合约当日交易所交易系统中未成交的最高价位申请买入的下单数量。

⑩申卖量。申卖量是指某一期货合约当日交易所交易系统中未成交的最低价位申请卖出的下单数量。

⑪结算价。结算价是指某一期货合约当日成交价格按成交量的加权平均价。当日无成交的，以上一交易日的结算价作为当日结算价。结算价是进行当日未平仓合约盈亏结算和制定下一交易日涨跌停板额的依据。

⑫成交量。成交量是指某一期货合约在当日交易期间所有成交合约的双边数量。

⑬持仓量。持仓量是指期货交易者所持有的未平仓合约的双边数量。

4.2.2 其他交易信息

除了提供期货即时交易信息，期货交易所还通过期货交易所网站提供日、周、月、年度的一些期货信息。

每日期货交易信息发布是指在每个交易日结束后发布的有关当日期货交易情况的信息，主要包括期货合约每日行情（见表4-5）、会员日交易量及持仓量排名（见表4-6）等。

每周期货交易信息发布是指在每周最后一个交易日结束后发布的期货交易信息，主要包括每周行情、库存周报（见表4-7）等。

表 4-5 上海期货交易所铜期货合约行情

上海期货交易所期货合约行情 **2020年11月23日**(周一)

2020年第(**215**)期，总第 **6824** 期，总第 **6832** 个交易日

（交易期数显示后为结算后数据） 🔳 导出EXCEL 📄 导出TXT 🖨 打印

交割月份	前结算	今开盘	最高价	最低价	收盘价	结算参考价	涨跌1	涨跌2	成交手	持仓手/变化	
商品名称:铜											
2012	52 970	53 850	54 390	53 590	53 880	53 950	910	980	88 375	72 867	-5 441
2101	53 080	53 850	54 540	53 700	53 970	54 090	890	1 010	218 768	147 408	8 577
2102	53 140	53 800	54 520	53 750	54 000	54 090	860	950	42 243	59 166	2 786
2103	53 220	53 850	54 560	53 820	54 030	54 160	810	940	21 608	33 892	-92
2104	53 360	53 910	54 600	53 880	54 090	54 210	730	850	5 517	17 842	1 995
2105	53 410	53 930	54 620	53 920	54 120	54 230	710	820	4 603	15 694	1 046
2106	53 550	53 930	54 590	53 930	54 080	54 280	530	730	1 356	3 244	900
2107	53 320	54 060	54 620	53 990	54 160	54 330	840	1 010	90	572	0
2108	53 540	54 110	54 670	54 110	54 220	54 370	680	830	63	236	26
2109	53 510	54 200	54 700	53 990	54 270	54 350	760	840	61	211	1
2110	53 850	54 200	54 670	54 200	54 440	54 540	590	690	17	36	-5
2111	53 250	54 240	54 650	54 210	54 330	54 340	1 080	1 090	19	16	9
小计									382 720	351 184 / 9 802	

资料来源：根据上海期货交易所网站相关资料整理。

表 4-6 上海期货交易所会员日交易量及持仓量排名

合约代码：cu2012										2020-11-23
名次	期货公司会员简称	成交量	比上交易日增减	名次	期货公司会员简称	持买单量	比上交易日增减	名次	期货公司会员简称	持卖单量	比上交易日增减/变化
1	华泰期货	33 391	7 875	1	金瑞期货	9 819	-429	1	金瑞期货	6 500	-423
2	中信期货	16 343	6 923	2	中信期货	4 985	-865	2	一德期货	4 705	-280
3	东证期货	13 800	3 353	3	国投安信	4 487	378	3	兴业期货	3 966	-79
4	海通期货	10 787	5 305	4	海通期货	3 785	1 937	4	中信期货	3 638	280
5	金瑞期货	6 060	893	5	国泰君安	3 162	-133	5	五矿经易	3 368	386
6	国投安信	5 018	282	6	广发期货	3 007	188	6	上海大陆	2 512	-889
7	国富期货	4 979	1 815	7	国贸期货	2 895	-830	7	云晨期货	2 350	340
8	鲁证期货	4 849	1 878	8	铜冠金源	2 609	85	8	银河期货	2 222	-132
9	国信期货	4 120	895	9	五矿经易	2 096	41	9	铜冠金源	2 215	75
10	方正中期	3 947	2 058	10	中航期货	2 066	-21	10	中信建投	2 173	-102

资料来源：根据上海期货交易所网站相关资料整理。

表4-7　　　　　　　　　　　上海期货交易所指定交割仓库库存周报

上海期货交易所指定交割仓库库存周报

(库存周报只在每周的最后一个交易日公布数据)

2020年11月20日　　　　　　　　　　　　　　　　　2020年第46期(总第1105期)

铜　　　　　　　　　　　　　　　　　　　　　　　　　　　单位：吨

地区	仓库	上周库存		本周库存		库存增减		可用库容量		
		小计	期货	小计	期货	小计	期货	上周	本周	增减
上海	国储天威	1 501	0	1501	0	0	0	109 383	109 383	0
	国储外高桥	0	0	0	0	0	0	20 000	20 000	0
	中储吴淞	16 225	2 623	10 558	2 623	-5 667	0	140 027	140 027	0
	上港物流	33 848	1774	26 877	1 774	-6 971	0	189 974	205 982	16 008
	上海裕强	0	0	0	0	0	0	15 000	15 000	0
	裕强闵行	740	51	372	51	-368	0	59 949	59 949	0
	中储大场	7 592	126	6701	126	-891	0	285 574	285 574	0
	世天威洋山	225	25	225	25	0	0	9 975	9 975	0
	外运华东张华浜	0	0	0	0	0	0	20 000	20 000	0
	中远海运宝山	998	598	974	648	-24	50	19 402	19 352	-50
	中储临港(保税)	18	0	18	0	0	0	30 000	30 000	0
	合计	61 147	5 197	47 226	5 247	-13 921	50	899 284	915 242	15 958

资料来源：根据上海期货交易所网站相关资料整理。

每月期货交易信息发布是指在每月最后一个交易日结束后交易所发布的期货交易信息。信息内容主要有：每月行情——商品名称、交割月份、月开盘价、最高价、最低价、月末收盘价、涨跌（本月末收盘价与上月末结算价之差）、持仓量、持仓量变化（本月末持仓量与上月末持仓量之差）、月末结算价、成交量、成交额；各指定交割仓库经交易所核定的可用于期货交割的库容量和已占用库容量及标准仓单量。

知识掌握

4.1　期货交易的流程是怎样的？

4.2　什么是开仓？什么是平仓？什么是平今仓？

4.3　什么是收盘价？什么是结算价？

4.4　什么是成交量？什么是持仓量？

4.5　什么是仓差？

4.6　什么是风险度？

知识应用

□ 案例分析

远离非法期货　谨防上当受骗

刘某伙同赵某，以北京某资产管理有限公司的名义，对外虚构贵金属现货、期货及股票交易等业务，以承诺投资可获取高额回报为诱饵，吸引社会不特定公众进行投资，先后骗取82名被害人投资款共计人民币1.8亿余元，其中骗取被害人陈某投资款共计人民币3 961 197元。

本案中，北京某资产管理有限公司对外宣称主要从事私募基金、贵金属现货、股指期货等交易。刘某负责发展客户、收取投资款并进行返利，赵某向部分被害人、投资人谎称自己具体负责黄金期货等投资交易的操盘，能够确保资金安全。刘某伙同赵某以该公司的名义，通过与被害人签订《投资管理委托协议书》等协议的方式，由被害人委托该公司进行所谓的贵金属现货、期货及股票交易；该公司对被害人投入资金进行全封闭独立操作，被害人不得干预该公司独立操作，并承诺一定期限后返还被害人全部投资本金，投资盈利按照比例分配，如盈利未达投资本金的50%，差额部分由该公司补齐支付。被害人通过以银行转账等方式，向刘某个人银行账户支付投资款，刘某及赵某将各自分得的赃款用于个人消费等支出，最终造成被害人巨额经济损失无法偿还。法院经审理认为，刘某及赵某以非法占有为目的，以北京某资产管理有限公司名义使用诈骗方法非法集资，数额特别巨大，其行为均已构成集资诈骗罪，依法应予惩处。

案例评析：

近年来，市场上出现了一些打着"金融创新""经济新业态""资本运作"等幌子的非法集资活动，对资本市场的正常管理秩序造成严重破坏。上述案件中，刘某及赵某二人在明知该公司未经国家有关主管部门批准，没有向不特定公众募集资金的资质，没有真实对外投资项目的情况下，仍以非法占有为目的，虚构贵金属现货、期货及股票交易等业务，以投资可获得高额返利为诱饵，骗取众多被害人巨额钱款。此外，因二人组建的北京某资产管理有限公司兼营私募基金、贵金属现货、股指期货等多种业务，跨界经营，行为模式更加复杂隐蔽，增加了公安、司法机关对于案件调查认定的难度。

为依法严厉打击非法吸收公众存款、集资诈骗等非法集资违法犯罪活动，2019年1月30日，最高人民法院、最高人民检察院和公安部联合印发了《关于办理非法集资刑事案件若干问题的意见》（以下简称《意见》），进一步强调对网络借贷、投资理财、私募股权、养老服务等新兴领域非法集资的"重灾区"进行打击。《意见》规定人民法院、人民检察院、公安机关认定非法集资的"非法性"，应当以国家金融管理法律法规作为依据。根据《期货交易管理条例》的规定，开展期货业务，应当在公司登记机关登记注册，并经中国证监会批准；未经批准，任何单位或者个人不得设立或者变相设立期货公司，经营期货业务。

在此提醒广大中小投资者，期货交易具有高杠杆、高风险的特点，参与期货交易应当通过合法的期货经营机构。根据《证券期货投资者适当性管理办法》的要求，期货经营机构在从事经纪业务时，应当主动向投资者提示期货交易风险，并不得向客户作获利保证，不得与客户约定分享利益或共担风险。投资者要抵制诱惑，远离非法集资，护好自己的"钱袋子"，并可以通过中国证监会网站（www.csrc.gov.cn）和中国期货业协会网站（www.cfachina.org）查询合法期货经营机构及其从业人员信息。

资料来源：佚名. 远离非法期货 谨防上当受骗［EB/OL］.［2020-05-15］. http：//www.cngold.com.cn/dealer/jysxw/20200515f12103n8654865249.html.

问题：根据上述资料，分析非法期货交易特征。

分析提示：未在四家期货交易所、未在正规期货公司交易的期货都是非法期货。

□ 实践训练

熟悉期货交易软件的安装与使用。

要求：

①登录某期货经纪公司网站，下载期货行情和交易软件并安装。

②熟悉期货交易的即时行情。

③了解期货交易委托下单的流程。

第5章 国内主要商品期货

学习目标

在学习完本章之后，你应该能够：了解上海期货交易所、郑州商品交易所、大连商品交易所3家国内商品期货交易所主要的商品期货品种，着重了解上海黄金期货和原油期货、郑州白糖期货和苹果期货、大连大豆期货和玉米期货，了解影响各种商品期货价格变动的主要因素。

引 例

2020年上半年我国占全球商品期货成交量近六成

2020年上半年，中国内地商品期货成交24.36亿手，占全球商品期货总成交量42.90亿手的56.8%，较去年同期53.1%的占比提升了3.7%。

在全球农产品成交40强排名中，大连商品交易所（以下简称"大商所"）占10席，郑州商品交易所（以下简称"郑商所"）占7席，上海期货交易所（以下简称"上期所"）占2席。大商所豆粕、棕榈油、鸡蛋、豆油、玉米、黄大豆1号期货、豆粕期权、玉米淀粉、黄大豆2号期货和玉米期权分别位居第1、第2、第3、第5、第7、第12、第19、第23、第27和第33；郑商所菜籽粕、白糖、棉花、菜籽油、苹果、红枣期货和白糖期权分别位列第4、第6、第8、第13、第14、第37和第39；上期所橡胶和纸浆期货分别位列第10和第21。

在全球金属成交40强排名中，上期所占10席，大商所和郑商所分别占2席。上期所螺纹钢、白银、镍、热轧卷板、锌、铜、铝、黄金、锡和铅期货分别位居第1、第3、第4、第8、第12、第13、第15、第16、第32和第37；大商所铁矿石期货排名仅次于上期所螺纹钢，位居第2，铁矿石期权排名第34；郑商所锰硅和硅铁期货分别位列第14和第20。

在全球能源成交20强排名中，上期所和大商所分别占3席，郑商所占1席。上期所的燃料油、石油沥青、能源中心的原油期货分别位列第2、第5和第13；大商所新上市的LPG、焦炭、焦煤期货位居第11、第17和第25；郑商所的动力煤期货位列第20。

在全球其他类成交30强排名中，郑商所占7席，大商所占6席。郑商所甲醇、PTA、玻璃、尿素、纯碱期货、甲醇期权和PTA期权分别位列第1、第2、第6、第9、第10、第11和第12；大商所聚丙烯、线性低密度聚乙烯、乙二醇、聚氯乙烯、苯乙烯、纤维板期货分别位列第 3、第 4、第 5、第 7、第 8 和第 13。

资料来源：大连商品交易所. 56.8%！上半年我国占全球商品期货成交量近六成！［N］. 期货日报，2020-08-04.

这一案例表明：我国商品期货市场已基本形成，上市交易的期货品种较为丰富，且在国际商品期货市场中占据重要的地位。

5.1　上海期货交易所商品期货

截至 2020 年 8 月，上海期货交易所已上市铜、铝、锌、铅、镍、锡、黄金、白银、螺纹钢、线材、热轧卷板、原油、燃料油、石油沥青、天然橡胶、纸浆、20 号胶、不锈钢、低硫燃料油 19 个期货品种以及铜、天然橡胶、黄金、铝、锌 5 个期权合约。上海期货交易所挂牌交易的产品中，原油期货是我国首个国际化期货品种，对我国期货市场对外开放具有标志性意义。铜期权是我国首个工业品期权，为企业提供了更加精细化的风险管理工具。上海交易所铜期货已成为世界影响力最大的三大铜期货之一，并与铝、锌、铅、镍、锡期货形成了完备的有色金属品种系列，能较好地满足实体行业需求。

5.1.1　上海期货交易所黄金期货

1）上海期货交易所黄金期货合约

上海期货交易所黄金期货合约见表 5-1。

表 5-1　　　　　　　　　　　　上海期货交易所黄金期货标准合约

交易品种	黄金
交易单位	1 000 克/手
报价单位	元（人民币）/克
最小变动价位	0.05 元/克
每日价格最大波动限制	不超过上一交易日结算价的±3%
合约交割月份	最近 3 个连续月份的合约以及最近 13 个月以内的双月合约
交易时间	上午 9：00—11：30，下午 1：30—3：00 和交易所规定的其他交易时间
最后交易日	合约月份的 15 日（遇国家法定节假日顺延，春节月份等最后交易日交易所可另行调整并通知）
交割日期	最后交易日后第一个工作日
交割品级	金含量不小于 99.95% 的国产金锭及经交易所认可的伦敦金银市场协会（LBMA）认定的合格供货商或精炼厂生产的标准金锭
交割地点	交易所指定交割金库
最低交易保证金	合约价值的 4%
交易手续费	不高于成交金额的 2‰（含风险准备金）
交割方式	实物交割
交割单位	3 000 克
交易代码	AU
上市交易所	上海期货交易所

资料来源：根据上海期货交易所网站相关资料整理。

知识链接 5-1

纽约黄金期货合约（COMEX黄金）

1.交易单位：100盎司。

2.报价单位：美元/盎司。

3.交易时间：

喊价交易为：8：20至当日13：30；

盘后电子交易为周一至周四：14：00至次日8：00；

周五：14：00至当日17：15；

周日：18：00至次日8：00；

交易月份：即月、下两个日历月，23个月内的所有2、4、8、10月，60个月内的所有6月和12月。

4.最小价格波动：0.10美元/盎司，即10美元/手，点值为100美元/手。

5.最后交易日：每月最后一个工作日之前的第三个交易日。

6.交割期限：交割月的第一个工作日至最后一个工作日。

7.期货与现货转换（EFP）：买方或卖方可以用等量的期货合约与现货头寸进行转换；EFP可以用于建仓或平仓。

8.级别及品质要求：纯度不得低于99.5%。

2）黄金基础知识

黄金是人类较早发现和利用的金属，由于它稀少、特殊和珍贵，自古以来被视为五金之首，有"金属之王"的称号，享有其他金属无法比拟的盛誉。

黄金的主要用途包括：一是外汇储备；二是黄金饰品；三是工业与高新技术产业。

（1）黄金的供应。

据统计，目前世界查明的黄金资源量仅为10万吨，地下金矿总储量略微超过5.5万吨，黄金储量的静态保证年限为15年。世界上有80多个国家生产黄金，南非的黄金资源量和储量基础分别占全球总量的50%和38%，其他主要的黄金资源国是俄罗斯、中国、美国、乌兹别克斯坦、澳大利亚、加拿大、巴西等。中国已探明黄金储量仅次于南非，居全球第二位。

世界黄金市场的供给主要有以下几个方面：一是世界各产金国的矿产金；二是再生金；三是官方售金，如央行或国际货币基金组织售金。中国是世界上最重要的黄金生产国之一，黄金产地遍布全国各地，几乎每一个省都有黄金储藏。中国的黄金生产主要集中在山东、河南、江西、福建、云南等地。

（2）黄金的需求。

一是消费需求。黄金的消费需求主要有以下几个方面：首饰业、电子业、牙科、官方金币、金章和仿金币等。从目前黄金需求结构看，首饰需求占总市场需求的40%以上。亚洲，特别是中国和印度，具有黄金消费的传统和习惯，并且这两个大国的经济正在快速发展，居民经济收入正在快速提高。

二是储备需求。黄金的储备需求主要是指官方储备。官方储备是央行用于防范金融风险的重要手段之一。

三是投资需求。由于具有储值与保值的特性，对黄金还存在投资需求。对于普通投资者，投资黄金主要是在通货膨胀的情况下达到保值的目的。此外，投资者也可以利用金价波动，获取价差收益。目前，世界经济形势错综复杂，局部地区政治局势动荡，黄金价格波动较为剧烈，黄金现货及依附于黄金的衍生品品种众多，黄金的投资价值凸显，黄金的投资需求不断放大。

3）影响黄金期货价格变动的因素

由于黄金兼具商品属性和金融属性，又是资产的象征，所以影响黄金价格的因素有很多，如供求关系、国际地缘政治、欧美主要国家的利率和货币政策、通货膨胀和美国实际利率、各国央行对黄金储备的增减、黄金开采成本的升降、国际基金的持仓、投资者的心理预期等因素。这些因素相互作用或连锁反应对黄金价格产生重要影响。

（1）黄金供需关系。

黄金作为一种商品，具有商品属性。任何商品的价格都会受到供需关系的影响，所以黄金的供需关系是影响黄金价格最基本的因素。当黄金市场供大于求时，黄金的价格就会有所下降；当黄金市场供小于求时，黄金的价格就会上升。此外，黄金新矿的发现、新型采金技术的应用同样可以影响黄金的供需情况，从而影响黄金的价格。特别是近年来受全球金融危机等因素影响，黄金投资需求的快速增长对金价影响较大。黄金复杂的属性和市场特点，决定了供求分析要与其他因素分析有机结合起来，才能更有效地判断金价趋势。

（2）国际地缘政治。

黄金作为一种避险资产，对地缘政治的发展情况较为敏感，在国际地缘政治发生变动时，黄金价格也会产生巨大波动，尤其是涉及大型经济体和重要地区时表现更为明显。特别是发生在中东或美国直接参与的地缘政治危机，对金价走势影响巨大。因为中东发生的地缘危机往往提升石油价格和全球通胀预期，而美国参与的战争则意味着美元中长期贬值概率增大，这将会极大提升黄金的保值和避险需求。

（3）就业数据。

就业数据是各国经济形势的晴雨表。对于黄金市场来说，美国的就业形势对黄金价格走势有着强烈的影响。美国新增非农就业数据，是美国就业数据中的一项，反映出农业就业人口以外的新增就业人数，和失业率同时发布。该数据是美国经济指标中最重要的一项，是影响汇市波动最大的经济数据之一。会影响黄金价格走势的就业数据还包括美国的失业率、首次申请失业金人数等指标，这些均是反映经济状况的重要的数据。由于失业率和非农就业人数直接与当前美联储实施的货币政策相挂钩，因此，数据的好坏通过直接影响市场对于货币政策变化的预期，从而影响外汇及黄金市场。

（4）美元汇率。

作为全球最主要的储备货币和核心货币，美元汇率（如美元指数等）是影响金价波动的重要因素。美元指数是综合反映美元在国际外汇市场的汇率情况的指标，用来衡量美元对一揽子货币的汇率变化程度。它通过计算美元和对选定的一揽子货币的综合的变化率,来衡量美元的强弱程度。国际市场上黄金价格是以美元标价的,金价分析往往也是以美元金价为基础的,因此美元升值会促使黄金价格下跌,而美元贬值又会推动黄金价格上涨,美元的走势强弱会对黄金价格产生直接和迅速的影响。但在某些特殊时段,尤其是黄金走势非常强或非常弱的时期,黄金价格也会摆脱美元影响,呈现出独特的趋势。

(5)石油价格。

石油是全球性的资源,与各国的战略、经济息息相关,在国际大宗商品市场上,原油是最为重要的大宗商品之一。而黄金则是通货膨胀情况下的保值品,与美国的通货膨胀形影不离。观察黄金价格和国际原油价格走势,发现原油价格一直和黄金价格紧密关联。黄金具有抵御通货膨胀的功能,而国际原油价格又与通货膨胀水平密切相关,因此,黄金价格与国际原油价格往往呈现正向运行的互动关系。由于黄金价格和石油价格受共同因素的影响,当这些因素发生变化时,黄金价格和原油价格就会有一定的同涨同跌性,可以说两者的相关性较明显。当然在个别情况下,两者也会出现负相关。

(6)央行黄金储备情况。

在全球黄金市场中,除了个人投资者和机构投资者之外,其实大部分的实物黄金都储存于各大央行(包括IMF)手中。由于黄金具有特殊的货币属性,因此其一般作为外汇储备的补充存在于央行的资产负债表中。一般来说,央行售金一直是市场上实物黄金供给的主要来源之一,从2004年到2008年的五年时间里,全球各大央行的累计售金重量超过2 000吨。但自2008年全球金融危机爆发以来,各国央行为了对冲持有大量美元资产的风险,开始逐步缩减黄金的销售规模,甚至开始在市场上买入黄金。央行在实物黄金市场中头寸的变化无疑会引起供需基本面的变化,从而影响价格。

(7)其他因素。

通货膨胀、美国实际利率、国际基金持仓水平、黄金出借利率、投资者的心理预期等其他因素也会对黄金价格产生影响。

5.1.2 上海期货交易所原油期货

1)上海期货交易所原油期货合约

上海期货交易所原油期货合约见表5-2。

2)原油基础知识

原油是指从地下天然油藏直接开采得到的液态碳氢化合物或其天然形式的混合物,通常是流动或半流动的黏稠液体。原油是一种多组分的复杂混合物,其沸点范围很宽,从常温一直到500℃以上,每个组分都有各自的特性。但从油品使用要求来说,没有必要把原油分成单个组分。通常来说,对原油进行研究或者加工利用,只需对其进行分馏即可。分馏就是按照组分沸点的差别将原油"切割"成若干"馏分"。馏分常冠以汽油、煤油、柴油、润滑油等石油产品的名称,但馏分并不就是石油产品。石油产品必须符合油品的质量标准,石油馏分只是中间产品或半成品,必须进行进一步的加工才能成为石油产品。

表 5-2　　　　　　　　　　　上海期货交易所原油期货标准合约

交易品种	中质含硫原油
交易单位	1 000 桶/手
报价单位	元（人民币）/桶（交易报价为不含税价格）
最小变动价位	0.1 元（人民币）/桶
涨跌停板幅度	不超过上一交易日结算价±4%
合约交割月份	最近 1 ~ 12 个月为连续月份，以及随后 8 个季月
交易时间	上午 9：00—11：30，下午 1：30—3：00，以及上海国际能源交易中心规定的其他交易时间。
最后交易日	交割月份前第一个月的最后一个交易日；上海国际能源交易中心有权根据国家法定节假日调整最后交易日
交割日期	最后交易日后连续五个交易日
交割品质	中质含硫原油，基准品质为 API 度 32.0，硫含量 1.5%，具体可交割油种及升贴水由上海国际能源交易中心另行规定。
交割地点	上海国际能源交易中心指定交割仓库
最低交易保证金	合约价值的 5%
交割方式	实物交割
交易代码	SC
上市机构	上海国际能源交易中心

资料来源：根据上海期货交易所网站相关资料整理。

（1）石油产品及其主要用途。

石油产品是以石油或石油某一部分作原料直接生产出来的各种商品的总称，一般不包括以石油为原料合成的石油化工产品，主要分为六大类：燃料、润滑剂、石油沥青、石油蜡、石油焦、溶剂和化工原料。燃料主要包括汽油、柴油和航空煤油等发动机燃料以及灯用煤油、燃料油等。我国的石油燃料约占石油产品的 80%，其中的六成左右为各种发动机燃料。润滑剂品种达百种以上，但仅占石油产品总量的 5% 左右。溶剂和化工原料包括生产乙烯的裂解原料、石油芳烃及各种溶剂油，约占石油产品总量的 10% 左右。石油沥青、石油蜡和石油焦占石油产品总量的 5%~6%。

（2）世界石油资源分布。

从国家来看，截至 2018 年底，委内瑞拉已探明总储量达到 3 033 亿桶，占世界储量的 17.5%，其拥有世界上最大的重油蕴藏区——奥里诺科重油带。其次是沙特阿拉伯和加拿大，占比分别为 17.2% 和 9.7%，其中加拿大阿尔伯特省北部的油砂储藏属于非常规原油矿藏，但占整个加拿大原油矿藏的 96.4% 以上。已探明总储量世界排名前五的国家还包括伊朗和伊拉克。根据《BP 世界能源统计年鉴 2019》，我国已探明储量为 259 亿桶，占全球储量的1.5%。近年来，随着非常规油气资源开采技术的进步，特别是以美国页岩油气、致密岩性油气资源为代表的非常规能源的勘探开发正在改变全球能源供应格局。

世界石油生产与消费从各个国家2018年的石油产量来看，美国、沙特阿拉伯、俄罗斯、伊朗、伊拉克、加拿大和阿联酋，其石油日产量合计为5 752万桶/日，约占世界总产量的60.7%。从消费量来看，2018年世界石油消费量最多的五个国家分别为美国、中国、印度、日本、沙特阿拉伯，日消费石油共计4 671万桶/日，约占世界消费量的46.8%。其中，美国是世界第一大石油消费国，2018年日消费石油2 046万桶/日，约占世界消费量的20.5%。石油消费增长最快的是中国，中国目前已跃居世界第二大石油消费国，日消费量由2008年的791万桶/日增长到2018年的1 353万桶/日，10年年均增长7.1%。

（3）国际主要原油期货交易所。

目前，国际上有十余家交易所推出了原油期货。芝加哥商品交易所集团旗下的纽约商业交易所（NYMEX）和洲际交易所（ICE）为影响力最大的世界两大原油期货交易中心，其对应的WTI、布伦特两种原油期货也分别扮演着美国和欧洲基准原油合约的角色。另外，迪拜商品交易所（DME）上市的阿曼（Oman）原油期货也是重要的原油期货基准合约。上期能源的上海原油期货合约经过两年的发展，在交易规模上已经成为目前全球第三大期货合约。

3）影响原油期货价格的因素

期货市场是在现货市场基础上发展起来的，所以期货市场的进一步发展必然不能脱离现货市场。期货市场与现货市场对新的市场信息的反应非常接近，期货价格与现货价格运动的方向基本一致，并且两者的价格变动幅度也非常接近，即原油期货价格与原油现货价格之间相互引导，存在着长期的均衡关系。国际原油市场的价格是由原油现货市场和期货市场的价格共同决定的。因此，影响原油现货价格的因素，即原油市场供需矛盾等因素也会影响原油期货价格。然而，原油期货价格与现货价格也会出现短时间的偏离，因此还有一些特殊因素会影响原油期货价格，如投资基金的炒作等金融因素。除此之外，原油作为商品，与其他的商品一样，其价格也是由供需关系决定的，但是原油不是一般的商品，它是重要的战略物资，是一种特殊的商品，对于国际原油价格影响因素很多，在很大程度上还受国际政治、经济、外交和军事的影响。

综上所述，影响原油期货价格的因素主要有以下几点：
（1）现货市场因素；
（2）投资基金炒作；
（3）美元、汇率、利率及资金流动性；
（4）突发事件和政治因素。

5.2 郑州商品交易所商品期货

截至2020年8月,郑州商品交易所上市交易普通小麦、优质强筋小麦、早籼稻、晚籼稻、粳稻、棉花、棉纱、油菜籽、菜籽油、菜籽粕、白糖、苹果、红枣、动力煤、甲醇、精对苯二甲酸(PTA)、玻璃、硅铁、锰硅、尿素、纯碱21个期货品种和白糖、棉花、PTA、甲醇、菜粕、动力煤等6个期权,范围覆盖粮、棉、油、糖、果和能源、化工、纺织、冶金、建材等多个国民经济重要领域。

5.2.1 郑州商品交易所白糖期货

1)郑州商品交易所白糖期货合约

郑州商品交易所白糖期货合约见表5-3。

表5-3　　　　　　　　　　郑州商品交易所白糖期货合约

交易品种	白砂糖(简称"白糖")
交易单位	10吨/手
报价单位	元(人民币)/吨
最小变动价位	1元/吨
每日价格最大波动限制	不超过上一个交易日结算价的±4%
合约交割月份	1、3、5、7、9、11月
交易时间	周一至周五(法定节假日除外)上午9:00—11:30,下午1:30—3:00及交易所规定的其他交易时间
最后交易日	合约交割月份的第10个交易日
交割日	合约交割月份的第13个交易日
交割品级	标准品:一级白糖(符合GB 317—2006);替代品及升贴水见《郑州商品交易所期货交割细则》
交割地点	交易所指定交割仓库
最低交易保证金	合约价值的5%
交割方式	实物交割
交易代码	SR
上市交易所	郑州商品交易所

资料来源:根据郑州商品交易所网站相关资料整理。

2)白糖基础知识

食糖是天然甜味剂,是人们日常生活的必需品,同时也是饮料、糖果、糕点等含糖食品和制药工业中不可或缺的原料。生产食糖的原料主要是甘蔗,其次还有甜菜。尽管原料不同,但甘蔗糖和甜菜糖在品质上没有什么差别,国家标准对两者同样适用。从全球看，利用甘蔗生产食糖的数量远大于甜菜，两者的比例大致为7∶3。

根据加工环节、加工工艺、深加工程度、专用性等不同，食糖可以分为原糖、白砂糖、绵白糖、冰糖、方糖、红糖等（白砂糖、绵白糖俗称"白糖"）。食品、饮料工业和民用消费量最大的为白砂糖，我国生产的一级及以上等级的白砂糖占我国食糖生产总量的90%以上。

主要产糖国中，巴西的产量居世界第一位。巴西气候适宜种植甘蔗，蔗区主要集中在中南部和东北部两个地区，是世界上唯一每年有两次甘蔗收获和加工期的国家。巴西的甘蔗除了用于生产糖外，还将超过一半的甘蔗用于生产酒精，酒精产量占世界总产量的40%以上，大部分供国内使用，小部分出口；近年来，由于巴西汽车工业的飞速发展，巴西已经逐渐演变成生物酒精的净进口国。印度是世界第二大产糖国，第一大食糖消费国。欧盟是世界食糖主产区之一，也是世界甜菜糖的发源地和主产区。中国是重要的食糖生产国和消费国，食糖产销量仅次于巴西、印度、欧盟，居世界第四位。近年来，中国食糖产量和消费量都超过1 000万吨，产销基本平衡，略有缺口，缺口主要靠进口糖和国储糖来弥补。美国是一个产糖大国，既产甘蔗糖又产甜菜糖，产糖量目前居世界第六位，仅次于巴西、印度、欧盟、中国和泰国。同时，美国也是一个食糖消费大国，美国每年还需要进口300万吨左右的食糖，为了避免进口糖对本国成本较高的国产糖的冲击，保证国内糖业的稳定生产，美国政府也制定了相关政策保护其糖业。

3）影响白糖期货价格变动的因素

（1）主要出口国及消费国情况。

巴西、印度、泰国、澳大利亚、古巴等是全球食糖主要生产国（地区）和出口国（地区），这些国家或地区的产量、出口量、价格及政策是影响国际食糖市场价格的主要因素。

欧盟、俄罗斯、中国、印度尼西亚、巴基斯坦等国是全球主要食糖消费国或进口国，这些国家的食糖消费量、消费习惯、进口政策、本国产量等也是影响国际食糖市场价格的主要因素。

（2）自然灾害对主要产糖国食糖生产的影响。

作为农产品，各国的食糖生产不可避免地受到洪涝和干旱天气等自然灾害的影响，近年来自然灾害对食糖生产的冲击尤为明显。

（3）国际石油价格对食糖市场的影响。

随着国际石油价格不断上涨，一些国家为减少对石油的依赖加入了寻找蔗制酒精等生物替代能源的行列，甘蔗已不再单一地作为一种农产品，市场方面已越来越把糖看作一种能源产品，石油价格的涨跌不仅影响全球经济状况，影响国际运费，还会影响酒精产量，进而影响全球食糖产量。因此，石油价格的涨跌不可避免地会影响食糖价格的走势。

（4）美元币值变化和全球经济增长情况对食糖市场的影响。

作为用美元计价的商品，食糖价格的走势除受自然灾害的影响外，无疑还受美元币值的升降和全球经济增长快慢的影响。通常情况下，美元币值下跌意味着非美元区购买食糖的成本下降，购买力增强，对国际食糖市场的支撑力增强，反之，将抑制非美元区的消费需求。

（5）主要食糖进口国政策变化对食糖市场的影响。

主要食糖进口国政策和关税政策变化对食糖市场的影响很大。国际食糖组织的有关政策、欧盟国家对食糖生产者的补贴，美国政府的生产支持政策等，对全世界食糖供给量均有重要影响。如美国实行食糖的配额制度管理，按照配额从指定国家进口食糖，进口价格一般高于国际市场价格。美国不出口原糖，但却大量出口由原糖精炼而成的食用糖浆。因此，产糖国若向美国出口，必须首先获得美国的进口配额。巴西、古巴、欧盟用控制种植面积的方法，有计划地控制产糖量。印度、菲律宾、泰国政府则依据国内市场情况控制出口数量，随时调整有关政策。

近几年，俄罗斯和欧盟是全球最主要的两大食糖进口国，这两大经济体的糖业政策变化对国际食糖市场的影响力比较大。印度尼西亚、巴基斯坦等国的进口政策也会在一定程度上影响国际市场糖价。

（6）投资基金大量涌入使国际糖市充满变数。

作为期糖市场上左右糖市走向的最强大的力量，投资基金的取舍很大程度决定着糖价的涨跌，分析糖价走势绝对不可以无视投资基金的动向。历史上，投资基金进驻商品市场的规模基本上与全球经济增长快慢成正比，即全球经济高速增长，投资基金在商品市场上做多的规模也扩大，反之亦然。

5.2.2　郑州商品交易所苹果期货

1）郑州商品交易所苹果期货合约

郑州商品交易所苹果期货合约见表5-4。

表5-4　　　　　　　　　　　郑州商品交易所苹果期货合约

交易品种	鲜苹果（简称"苹果"）
交易单位	10吨/手
报价单位	元（人民币）/吨
最小变动价位	1元/吨
每日价格波动限制	不超过上一个交易日结算价的±5%
最低交易保证金	合约价值的7%
合约交割月份	1、3、5、7、10、11、12月
交易时间	周一至周五（法定节假日除外）上午9：00—11：30，下午1：30—3：00及交易所规定的其他交易时间
最后交易日	合约交割月份的第10个交易日
最后交割日	仓单交割：合约交割月份的第13个交易日 车（船）板交割：合约交割月份的次月20日
交割品级	见《郑州商品交易所期货交割细则》
交割地点	交易所指定交割地点
交割方式	实物交割
交易代码	AP
上市交易所	郑州商品交易所

资料来源：根据郑州商品交易所网站相关资料整理。

2）苹果基础知识

苹果树属于蔷薇科，落叶乔木，叶椭圆形，有锯齿。其果实球形，味甜，口感爽脆，且富含营养，是世界四大水果之冠。苹果、柑橘、梨、葡萄、香蕉是我国最主要的五大水果。近十年来，从各种水果的总产量看，苹果产量远超柑橘、梨、葡萄、香蕉，成为我国五大水果之首。我国是世界上最大的苹果生产国和消费国，近年来产量和种植面积稳步增长，截至 2019 年年底，我国苹果种植面积和产量均占世界总量的 50% 以上。

我国苹果种植广泛分布于 25 个省份，覆盖黄土高原和渤海湾两大优势区域，其中陕西、山东、河南、山西、河北、甘肃等省份是我国最主要的苹果供应地。目前我国苹果品种总体上以红富士为主，红富士品种的产量占全国苹果总产量的 70% 左右。从各主产省情况来看，红富士在大部分省份都是最主要的品种，新疆的红富士比例达到 100%，山东红富士比例已超过 80%，陕西和山西红富士比例超过 70%。

从消费情况来看，我国苹果消费总量已经达到全球消费总量的 50% 以上，成为世界最大的苹果消费国。随着国民消费水平的提高，我国苹果人均消费水平不断提升。由于消费结构的变换以及经济危机导致的需求减少，欧盟、美国等世界强国苹果消费水平不增反降。

3）国内苹果价格分析

苹果价格波动具有农产品特有的季节性特点。一般来说，由于 9 月至 11 月为我国苹果采收期，大量新年度苹果流入现货市场，市场供应增加，批发价格相对较低。12 月至来年 2 月受元旦及春节节日因素影响，市场需求增加，批发价格逐步抬升。3 月、4月两个月份，机械冷库的苹果集中出库，供应量变大，带动价格下跌。5 月份随着机械冷库出货接近尾声，供应量减少，价格有所回升。6 月至 8 月间则为早中熟苹果集中上市时间，价格相对较低，带动苹果批发价格整体走低。

5.3　大连商品交易所商品期货

截至 2020 年 8 月，大连商品交易所已上市玉米、玉米淀粉、粳米、黄大豆 1 号、黄大豆 2 号、豆粕、豆油、棕榈油、鸡蛋、纤维板、胶合板、线型低密度聚乙烯、聚氯乙烯、聚丙烯、乙二醇、苯乙烯、焦炭、焦煤、铁矿石、液化石油气共计 20 个期货品种，以及豆粕、玉米、铁矿石、液化石油气、聚丙烯、聚氯乙烯、线型低密度聚乙烯共计 7 个期权品种。大连商品交易所是全球最大的农产品、塑料、煤炭、铁矿石期货市场。

5.3.1　大连商品交易所玉米期货

1）大连商品交易所玉米期货合约

大连商品交易所玉米期货合约见表 5-5。

表5-5　　　　　　　　　　　　大连商品交易所玉米期货合约

交易品种	黄玉米
交易单位	10吨/手
报价单位	元（人民币）/吨
最小变动价位	1元/吨
涨跌停板幅度	上一交易日结算价的±4%
合约月份	1、3、5、7、9、11月
交易时间	周一至周五9：00—11：30，13：30—15：00
最后交易日	合约月份第10个交易日
最后交割日	最后交易日后第3个交易日
交割等级	符合《大连商品交易所玉米交割质量标准》
交割地点	大连商品交易所玉米指定交割仓库
交易保证金	合约价值的5%
交易手续费	不超过3元/手
交割方式	实物交割
交易代码	C
上市交易所	大连商品交易所

资料来源：根据大连商品交易所网站相关资料整理。

2）玉米基础知识

玉米为禾本科，属一年生草本植物。在全球三大谷物中，玉米总产量和平均单产均居世界首位。中国的玉米栽培面积和总产量均居世界第二位。在世界谷类作物中，玉米的种植范围很广。玉米的播种面积以北美洲最多，其次为亚洲、拉丁美洲、欧洲等。玉米占世界粗粮产量的65%以上，占我国粗粮产量的90%。玉米籽粒中含有70%~75%的淀粉，10%左右的蛋白质，4%~5%的脂肪，2%左右的多种维生素。以玉米为原料制成的加工产品有3 000种以上。玉米是制造复合饲料的最主要原料，一般占65%~70%。玉米也是世界上最重要的粮食之一，现今全世界约有1/3的人口以玉米籽粒作为主要粮食。

全世界每年种植玉米1.3亿多公顷，总产量近7亿多吨，占全球粮食总量的35%左右，主要分布国家有美国、中国、巴西、阿根廷，这4个国家的总产量约占全世界总产量的70%以上，其中，美国占40%以上，中国占20%左右。我国是玉米生产大国，总产量居世界第二位，玉米生产区域分布广泛，辽、吉、黑、蒙、晋、冀、鲁、豫8省区生产全国70%以上的玉米，尤其是东北地区及内蒙古自治区，常年玉米播种面积为900万~1 000万公顷，正常年份玉米产量为5 000万~6 000万吨，占全国玉米总产量的40%左右，是我国最大的玉米商品粮产地。华北黄淮地区（包括京、津、晋、冀、鲁、豫、苏和皖）常年玉米播种面积为900万~1 000万公顷，正常年份玉米产量为2 800万~3 000万吨，产量约占全国总产量的20%，但商品率低于东北地区。

在过去的几年中，全球玉米的进出口贸易总量保持在9 000万~10 000万吨，从出口国看，美国、中国和阿根廷等玉米主产国家也是玉米出口大国。美国年出口玉米在

5 000万吨，占全球玉米贸易总量的65%~70%。阿根廷年出口玉米约1 200万吨，较为稳定。中国年出口玉米保持在600万~1 500万吨的水平，出口并不稳定。我国的玉米出口港主要有大连、锦州和营口，其中，大连的出口量占总量的70%。玉米的主要进口国集中在亚洲地区，其中，日本年进口量约为1 600万吨，其进口的玉米主要来自美国；韩国年进口量约为800万吨，其进口的玉米主要来自中国。

玉米的消费主要有四个方面，即食用、饲用、工业加工及种用。玉米是"饲料之王"，全球饲用玉米消费约占玉米消费总量的63.8%。未来随着全球玉米加工产业的发展，对玉米消费的需求还会增加，产需之间的矛盾会更加突出。我国作为玉米消费大国，玉米消费主要用于饲料和工业消费，二者占到了85%以上。随着城乡居民生活水平的提高，包括玉米淀粉、酿造、医药、燃料乙醇等方面的玉米深加工得到了快速发展。

3）影响玉米价格变动的因素

（1）玉米的供给。

从历年来的生产情况看，在国际玉米市场中，美国的产量占40%以上，中国的产量占近20%，南美的产量大约占10%，这些国家和地区成为世界玉米的主产区，其产量和供应量对国际市场的影响较大，特别是美国的玉米产量成为影响国际供给最为重要的因素。其他国家和地区的产量比重都较低，对国际市场影响较小。

（2）玉米的需求。

美国和中国既是玉米的主产国，也是主要消费国，对玉米消费较多的国家还有欧盟各国以及日本、巴西、墨西哥等，这些国家玉米消费需求的变化对价格的影响较大，特别是近年来，各主要消费国玉米深加工工业发展迅速，大大推动了玉米消费需求的增加。从国内情况来看，玉米消费主要来自口粮、饲料和工业加工。其中，口粮消费总体变化不大，对市场的影响相对较小；饲料用玉米所占的比例最高，达70%以上，饲料用玉米需求的变化对市场的影响比较大；工业加工用玉米所占比例虽然只占14%左右，但近年来发展很快，年平均用量增加200多万吨，对市场的影响也非常明显。

（3）玉米进出口。

玉米进出口对市场的影响非常大。玉米进口会增加国内供给总量，玉米出口会导致需求总量增加。对国际市场而言，要重点关注美国、中国、阿根廷等世界主要玉米出口国和日本、韩国、东南亚地区玉米的进口情况，这些国家和地区玉米生产、消费的变化对国际玉米进出口贸易都有直接影响。对国内市场而言，要重点关注国内出口方面的政策，出口对国内玉米市场有较明显的拉动作用。

（4）玉米库存。

在一定时期内，一种商品库存水平的高低直接反映了该商品供需情况的变化，是商品供求格局的内在反映。因此，研究玉米库存变化有助于了解玉米价格的运行趋势。一般地，在库存水平提高的时候，供给宽松；在库存水平降低的时候，供给紧张。结转库存水平和玉米价格常常呈现负相关关系。

（5）玉米的成本收益情况。

玉米的成本收益情况是影响农民种植积极性的主要因素之一。玉米成本对市场价格有一定的影响力，市场粮价过低，农民会惜售；收益情况会影响农民对下一年度玉米种植的安排，收益增加，农民可能会增加种植面积，反之可能会减少种植面积。

（6）与其他大宗农产品的比价关系。

玉米与其他大宗农产品的比价关系会对玉米的供需产生影响，进而影响玉米的产销情况，导致玉米未来价格的走势发生变化，因此，研究这种比价关系非常重要，其中，玉米与大豆的种植比价关系、与小麦的消费比价关系最为重要。

（7）金融货币因素。

利率变化以及汇率波动已成为各国经济生活中的普遍现象，而这些因素的变化常会引起商品期货行情波动。总的来说，当货币贬值时，玉米期货价格会上涨；当货币升值时，玉米期货价格会下跌。因此，货币的利率和汇率是除了供给量、需求量和经济周期等决定玉米期货价格的主要因素之外的另一个重要的影响因素。

（8）经济周期。

世界经济是在繁荣与衰退周期性交替中不断发展的，经济周期是现代经济社会中不可避免的经济波动，是现代经济的基本特征之一。在经济周期中，经济活动的波动发生在几乎所有的经济部门。因此，经济周期是总体经济而非局部经济的波动。衡量总体经济状况的基本指标是国民收入，经济周期也就表现为国民收入的波动，并由此发生产量、就业、物价水平、利率等的波动。经济周期在经济的运行中周而复始地出现，一般由复苏、繁荣、衰退和萧条四个阶段构成。受此影响，玉米的价格也会出现相应的波动，从宏观层面进行分析，经济周期是非常重要的影响因素之一。

（9）贮存、运输成本。

贮存、运输成本的高低对玉米的价格也有影响。全球玉米的运输一般是海运，原油价格上涨、海运费用上升都会提高玉米的运输成本，相应提高玉米的价格。

5.3.2　大连商品交易所黄大豆期货

1）大连商品交易所黄大豆期货合约

大连商品交易所黄大豆1号期货合约见表5-6。

表5-6　　　　　　　　　　　　　　黄大豆1号期货合约

交易品种	黄大豆1号
交易单位	10吨/手
报价单位	元（人民币）/吨
最小变动价位	1元/吨
涨跌停板幅度	上一交易日结算价的±4%
合约交割月份	1、3、5、7、9、11月
交易时间	每周一至周五9：00—11：30，13：30—15：00及交易所公布的其他时间
最后交易日	合约月份第10个交易日
最后交割日	最后交易日后第3个交易日
交割等级	大连商品交易所黄大豆1号交割质量标准
交割地点	大连商品交易所指定交割仓库
交易保证金	合约价值的5%
交割方式	实物交割
交易代码	A
上市交易所	大连商品交易所

资料来源：根据大连商品交易所网站相关资料整理。

2）大豆基础知识

大豆属一年生豆科草本植物，俗称"黄豆"。中国是大豆的原产地，已有4 700多年种植大豆的历史。欧美各国栽培大豆的历史很短，大约在19世纪后期才从中国传入。20世纪30年代，大豆栽培已遍及世界各国。

大豆分为转基因大豆和非转基因大豆。1994年，美国孟山都公司推出的转基因抗除草剂大豆成为最早获准推广的转基因大豆品种。2001年，全球大豆种植总面积中有46%是转基因品种。美国、阿根廷是转基因大豆主产区。

大豆是一种重要的粮油兼用农产品。作为食品，大豆是一种优质、高含量的植物蛋白资源，它的脂肪、蛋白质、碳水化合物、粗纤维的组成比例非常接近肉类食品。大豆的蛋白质含量为35%~45%，比禾谷类作物高6~7倍。联合国粮农组织极力主张发展大豆食品，以解决目前发展中国家蛋白质资源不足的问题。作为油料作物，大豆是世界上最主要的植物油和蛋白质饼粕的提供者。每1吨大豆可以制出大约0.18吨的豆油和0.8吨的豆粕。用大豆制取的豆油，油质好、营养价值高，是一种主要食用植物油。作为大豆榨油的副产品，豆粕主要用于补充喂养家禽、猪、牛等的蛋白质，少部分用在酿造及医药工业上。

多年来，世界大豆的种植以亚洲、北美洲和南美洲面积为最大，美国、阿根廷、巴西、中国是大豆的主要生产国。过去20年，上述四国大豆产量占全球总产量的比重为87%~91%，集中度很高。美国大豆不仅产量居全球首位，其出口量也居全球首位，美国每年的大豆出口量约占全球出口总量的40%。庞大的生产能力和出口量使全球大豆市场对美国市场高度关注。

在国际期货市场上，芝加哥期货交易所、东京谷物交易所都进行大豆期货合约交易。大连商品交易所于2002年3月15日挂牌交易"黄大豆1号期货合约"，合约标的物为非转基因黄大豆。随后于2004年12月22日挂牌交易"黄大豆2号期货合约"，它是采用以含油率为交割质量标准的大豆合约，国产大豆和进口大豆均可参与交割，没有转基因和非转基因之分。

3）影响黄大豆价格变动的主要因素

（1）大豆供应情况。

全球大豆以南北半球分为两个收获期，南美（巴西、阿根廷）大豆的收获期是每年的3—5月份，而地处北半球的美国、中国的大豆收获期是9—10月份。因此，每隔6个月，大豆都有集中供应。美国是全球大豆最大的供应国，其生产量的变化对世界大豆市场会产生较大的影响。我国是国际大豆市场最大的进口国之一，转基因大豆的进口量和进口价格直接对国内大豆供给市场产生影响，从而对非转基因大豆的价格产生影响。因此，大豆的进口量和进口价格对国内市场上的大豆价格影响非常大。

（2）大豆消费情况。

大豆的主要进口国是欧盟各国、中国、日本和东南亚国家。欧盟各国、日本的大豆进口量相对稳定，中国、东南亚国家的大豆进口量则变化较大。1997年，亚洲发生金融危机，东南亚国家的大豆进口量锐减，导致国际市场大豆价格下跌。大豆的食用消费相对稳定，对价格的影响较弱。大豆压榨后，豆油、豆粕产品的市场需求变化不定，影响因素较多。大豆的压榨需求变化较大，对价格的影响比较大。

（3）相关商品价格。

作为食品，大豆的替代品有豌豆、绿豆、芸豆等；作为油籽，大豆的替代品有菜籽、棉籽、葵花籽、花生等。这些替代品的产量、价格及消费的变化对大豆价格也有间接影响。大豆的价格与它的后续产品豆油、豆粕有直接的关系，这两种产品的需求量变化，将直接导致大豆需求量的变化，从而对非转基因大豆的价格产生影响。

（4）大豆国际市场价格。

中国大豆的进口量在世界大豆贸易量中占有较大的比重，国际市场大豆价格与国内大豆价格之间互为影响。国际市场大豆价格上涨将对国内的大豆进口量产生影响，影响国内大豆供应量，从而对国内的非转基因大豆的需求产生影响，继而导致国内非转基因大豆的价格上涨。同时，国际市场大豆价格的上涨会对人们的心理产生影响，预期国内的大豆价格有可能上升，也有可能会使期货价格上涨。

（5）贮存、运输成本。

运输成本会对大豆价格产生明显影响。在进口大豆占到国内总消费量的60%以上的情况下，直接影响进口大豆价格变化的国际船运价格将直接影响着国内大豆的价格变化。同时，国内地区性的运力紧张，也将拉动运输成本的上升，间接刺激大豆价格的上涨。因此，与运费相关的运力紧张状况、原油价格、钢材价格等都是影响大豆价格的间接因素。

案例分析 5-1

国际油价跌至2个月低位，供需隐患再现

WTI原油期货继续下挫，日内大跌6.61%，报37.11美元/桶，续刷2020年6月29日以来新低；布伦特原油期货跌4.19%，报40.23美元/桶。

国际油价本周延续调整，投资者对经济复苏的乐观情绪因疫情形势再次降温，与此同时，沙特下调官方原油出口价格令供需形势前景蒙上阴影。

截至第一财经记者发稿时，WTI原油近月合约下跌1.7%，交投于39.10美元/桶，跌至2个月低位，布伦特原油近月合约现报42.04美元/桶，为2020年7月30日以来的新低。

需求前景愈加复杂

2020年3—4月，受疫情影响，全球石油需求急剧下降，贸易商被迫仓促储存了近10亿桶原油和成品油。最终，石油输出国组织（OPEC）和其他主要产油国宣布创纪录的减产计划，帮助油价止跌反弹。

在各国经济重启后，随着多地疫情卷土重来，近期各国被迫重新实施限制措施以阻止疫情再次扩散，这对于刚刚有所恢复的能源需求而言无疑是一个巨大的打击。

全球最大石油交易商之一、瑞士摩科瑞能源贸易公司（Mercuria Energy Trading）首席执行官邓南德（Marco Dunand）称，市场正变得更加复杂，去年第四季度该公司曾预期每天将从库存中额外提取300万~400万桶原油和成品油，但现实情况并不是这样。

从衍生品市场看，投资者正蜂拥进入2021年下半年及以后的合约，押注全球经济

将从那时起恢复正常。"浮式存储的热度再次开始升温，这将是一个问题，尤其是原油和馏分油库存正在增加，一场泡沫混乱可能正在酝酿中。"邓南德说。

目前，全球经济复苏步伐并不平衡，中国是最大的亮点，但依然不足以消耗过剩的石油。

Trafigura贸易公司首席经济学家拉希姆（Saad Rahim）表示，美国的风险很大，除了航空燃油需求因为疫情因素短时间内难以恢复外，目前整体失业率居高不下，消费者支出面临考验，对于成品油需求的冲击可能造成炼厂进一步限制产能。随着美国夏季传统出行需求旺季的结束，数据显示，上周全美馏分油利润率已经降至21世纪以来最低水平，这可能将进一步造成原油过剩的风险。

沙特调价藏隐忧

与此同时，作为OPEC最大的产油国，沙特下调出口原油定价又给市场拉响了新的警报。

沙特阿美9月6日宣布，将10月向亚洲出口的轻质原油价格下调1.40美元/桶，超过市场预期。这是沙特阿美连续第二个月下调对亚洲客户的原油定价。与此同时，沙特阿美还将下调向欧洲西北部和地中海地区出口的轻质原油的价格，显示需求下行风险。

另一方面，美国原油开采活动出现反弹迹象，油服公司贝克休斯（Baker Hughes）9月4日公布的数据显示，上周全美石油钻井总数增加1座至181座，这是美国能源公司过去三周内第二次增加石油和天然气钻井平台。

OPEC+联合部长级监督委员会在上月会议上就已经发出警告，石油市场依然脆弱，疫情复燃对燃料消费的复苏构成威胁。荷兰国际集团（ING）大宗商品策略主管帕特森（Warren Patterson）表示，布油近期和远期合约升水进一步上升，引发了外界对市场消耗库存速度的疑问。很明显，需求恢复的速度没有最初预期的那么快。

新加坡期货经纪公司Oanda资深市场分析师哈利（Jeffrey Halley）在报告中写道，供应充足、对OPEC+合规性放松的担忧、美国驾车季的结束以及多头仓位调仓，这些因素加在一起，削弱了人们对石油的信心。

资料来源：樊志菁. 警惕！油市泡沫和混乱在酝酿中？国际油价跌至2个月低位，供需隐患再现[EB/OL]. [2020-09-08]. http://news.sina.com.cn/o/2020-09-08/doc-iivhvpwy5557133.shtml.

问题：根据上述资料，分析影响原油期货价格变动的因素。

分析提示：供需关系、宏观经济等。

知识掌握

5.1　影响黄金期货价格走势的因素有哪些？

5.2　影响原油期货价格走势的因素有哪些？

5.3　影响白糖期货价格走势的因素有哪些？

5.4　影响苹果期货价格走势的因素有哪些？

5.5　影响玉米期货价格走势的因素有哪些？

5.6　影响大豆期货价格走势的因素有哪些？

知识应用

□ 案例分析

分析人士：黄金价格仍有上涨空间

2020年9月4日，备受市场瞩目的美国8月非农就业数据公布。此前，美联储主席鲍威尔在杰克逊霍尔全球央行年会上表示，美联储在就业和通胀两大目标中更注重就业。而8月非农就业数据正是在美联储9月议息会议前夕，评估美国就业市场恢复情况的关键性参考，将对美联储货币政策走向起到至关重要的指引作用。

美国劳工部最新数据显示，美国8月非农就业人口增加137.1万人，略低于增加140万人的预期值，但仍录得该数据连续第四个月大幅回升，同时前值修正为增加173.4万人。值得注意的是，美国8月失业率回落至8.4%，好于9.8%的预期值，而前值为10.2%，美国失业率连续第4个月录得下滑，且为2020年3月以来首次降至个位数。同时，8月美国工资同比增长4.7%，环比增长0.4%，好于市场预期。此外，劳动参与率小幅回升，平均每周工作时间延长。

美国劳工部称，8月就业人数的增加主要反映了美国当局因2020年人口普查而大量临时招聘的情况。分项数据显示，美国失业15周及以上人数升至814万，劳动力占比升至5.1%，创2008年金融危机以来最高水平。此外，美国永久性失业人数增加50万~340万，是2013年以来的最高水平。

方正中期期货贵金属、外汇研究员史家亮表示，美国8月失业率降幅远超预期，劳动参与率上升，平均每周工作时间延长，反映美国非农数据整体向好。"当然也要看到，就业增长在8月进一步放缓，永久性失业人数增加，政府的各类救助计划到期对就业市场形成冲击，同时市场对经济从疫情引发的深度衰退中复苏的可持续性仍存质疑，持续下降的失业率数据的真实性也受到质疑。"他补充说。

金瑞期货贵金属分析师杜飞认为，此次就业改善较为明显的行业为政府雇佣、零售及商业服务，说明受新冠肺炎疫情影响较大的行业恢复较好。但从结构上看，永久性失业人数仍在上升，新增就业主要源于临时性失业人数的减少。

9月15日至16日，美联储将在议息会议上修正其经济预测。考虑到美联储的两大使命是稳定物价和充分就业，美国8月非农就业报告可能迫使美联储对就业市场的看法进行修正。

"美国非农报告出炉后，美联储主席鲍威尔发表讲话，他肯定了8月的就业数据，但仍然判断未来的经济复苏并不会顺畅，其与波士顿联储主席罗森格伦表态一致：美联储不会撤出宽松的货币政策。因此，在即将到来的9月议息会议上，美联储对经济的表态将偏鸽派，但短期内货币政策很难进一步宽松，美联储将维持当前的资产购买节奏，并将强化短期内不会加息的预期。"东证衍生品研究院贵金属、外汇分析师徐颖说。

"鲍威尔曾在全球央行年会上表示把就业置于通胀之前，充分体现了美联储对就业的重视。"杜飞认为，在达到市场认为的充分就业水平之前，美联储不会过快收紧货币政策，而是会视情况灵活调整，同时考虑到美联储表态会容忍通胀"适度"高于2%，因此在失业率仍处于相对高位之时，美联储为促进充分就业将长期维持宽松的政策。

在非农就业报告公布后，贵金属、美债及美股等资产价格都有不小的波动，美元指数短线拉升近50点，刷新日高至93.24；现货黄金价格短线急跌近32美元，刷新日低至1 916.20美元/盎司。

对于黄金市场，徐颖表示，近期国际现货金价在1 900～2 000美元/盎司盘整，没有明显的上涨动能，主要原因是当前市场已对经济基本面衰退的预期定价，但财政政策和货币政策推进速度不及预期，同时市场的避险情绪仍对金价构成支撑，因此，金价整体呈现振荡态势。在她看来，短期内黄金将继续振荡。

史家亮认为，美国超预期的经济数据短期内使金价承压，但无法改变黄金的长期上涨趋势。在全球超量化宽松、实际利率为负、弱势美元持续等诸多因素的影响下，黄金因具备避险及抗通胀属性，价格仍有上涨空间。

资料来源：董依菲. 分析人士：黄金价格仍有上涨空间［N］. 期货日报，2020-09-07.

问题：根据上述资料，分析影响黄金价格的因素。

分析提示：美国非农就业情况等。

□ 实践训练

熟悉上海期货交易所有色金属期货品种。

要求：

①了解上海期货交易所铜、铝、锌、铅、镍、锡等有色金属的期货合约。

②通过网络查找有关有色金属的基础知识。

③总结影响有色金属商品价格走势的主要因素。

第6章　金融期货

学习目标

在学习完本章之后，你应该能够：了解利率期货的概念和世界主要利率期货品种；了解外汇期货的概念和世界主要外汇期货品种；了解股指期货的概念和世界主要股指期货品种；熟知沪深300股指期货合约条款的含义。

引例

银保监会：允许商业银行、保险机构参与国债期货交易

2020年2月21日，证监会与财政部、中国人民银行、银保监会近日联合发布公告，经国务院同意，允许符合条件的试点商业银行和具备投资管理能力的保险机构，按照依法合规、风险可控、商业可持续的原则，参与中国金融期货交易所国债期货交易。

商业银行和保险机构参与国债期货交易，可满足其风险管理需求，丰富投资产品类型，提升债券资产管理水平。同时，也有助于丰富市场投资者结构，促进国债期货市场平稳有序发展。

证监会、财政部、中国人民银行、银保监会将发挥跨部委协调机制作用，加强监管合作和信息共享，分批推进商业银行和保险机构参与国债期货市场，促进国债期货市场健康发展。第一批试点机构包括：工商银行、农业银行、中国银行、建设银行、交通银行。

资料来源：作者根据证监会网站相关资料整理。

这一案例表明：金融期货和商品期货本质上是一致的，都具有价格发现和规避现货价格风险的功能，只不过金融期货合约的标的物不是普通商品，而是金融产品，比如国债期货合约的标的为国债，沪深300股指期货合约的标的为沪深300指数。

6.1　金融期货概述

金融期货（financial futures）是指以金融工具为标的物的期货合约。金融期货一般分为三类：外汇期货、利率期货和股票指数期货。金融期货作为期货交易中的一种，具有期货交易的一般特点，但与商品期货相比较，其合约标的物不是实物商品，而是传统

的金融产品，如货币、债券、股票指数等。

6.1.1　利率期货

1）利率期货的概念

各种债务凭证，如国债、银行存款等，对利率极其敏感，利率的少许波动都会引起它们的大幅波动，给其持有者带来巨大的风险。为了控制利率风险，减少利率波动的影响，人们创造出利率期货来实现这一目的。

利率期货是指以债券类证券为标的物的期货合约，它可以回避利率波动所引起的证券价格变动的风险。

2）利率期货的产生与发展

20世纪70年代中期以来，为了治理国内经济和在汇率自由浮动后稳定汇率，西方各国纷纷推行金融自由化政策，以往的利率管制得以放松甚至取消，导致利率波动日益频繁和剧烈。面对日趋严重的利率风险，各类金融商品持有者，尤其是各类金融机构迫切需要一种既简便可行又切实有效的管理利率风险的工具。利率期货正是在这种背景下应运而生的。

1975年10月，芝加哥期货交易所推出了政府国民抵押贷款协会（GNMA）抵押凭证期货合约，这标志着利率期货这一新的金融期货类别的诞生。在这之后不久，为了满足人们管理短期利率风险的需要，1976年1月，芝加哥商业交易所的国际货币市场推出了3个月期的美国短期国债期货交易，并大获成功，在整个70年代后半期，它一直是交易最活跃的短期利率期货。

知识链接　6-1

政府国民抵押贷款协会

美国政府国民抵押贷款协会（Government National Mortgage Association，GNMA）也称 Ginnie Mae，是作为住宅和城市发展部附属部门的政府机构，作为美国政府机构，其信用完全由美国政府担保。它是由1968年美国政府将联邦国民抵押贷款协会分拆而形成的。

在二级市场上，由政府全资设立的政府国民抵押贷款协会和另两家政府发起设立的私营证券化公司——联邦国民抵押贷款协会（Fannie Mae，房利美）和联邦住宅抵押贷款公司（Freddie Mac，房地美），都由于有政府或准政府机构的信用担保，它们发行的抵押贷款证券均被评定为AAA级证券，监管机构视此为与国债一样的无风险证券，是金融机构可以无限持有的金融资产。

资料来源：根据中国人民银行网站相关内容整理。

1977年8月22日，美国长期国债期货合约在芝加哥期货交易所上市，这是利率期货发展历程上具有里程碑意义的一个重要事件，美国长期国债期货合约获得了空前的成功，成为世界上交易量最大的一个合约。继美国推出国债期货之后，其他国家和地区也纷纷以其长期公债为标的，推出各自的长期国债期货，其中，比较成功的有英国、法国、德国、日本等。

1981年12月，芝加哥商业交易所的国际货币市场推出了3个月期的欧洲美元定期存款期货合约。所谓欧洲美元，是指存放于美国境外的美元存款。这一品种发展很快，其交易量现已超过短期国债期货合约，成为短期利率期货中交易最活跃的一个品种。1981 年 7 月，芝加哥商业交易所国际货币市场分部、芝加哥期货交易所及纽约期货交易所同时推出了美国国内可转让定期存单期货交易，但由于实际交割的定期存单往往由信用等级最低的银行发行，给投资者带来诸多不便。欧洲美元定期存款期货的产生则有效地解决了这一问题。由于欧洲美元定期存款不可转让，该品种的期货交易实行现金结算的方式。所谓现金结算，是指期货合约到期时不进行实物交割，而是根据最后交易日的结算价格计算交易双方的盈亏，并直接划转双方的保证金以结清头寸的一种结算方式。现金结算方式的成功，在整个金融期货的发展史上具有划时代的意义。它不仅直接促进了欧洲美元定期存款期货的发展，并且为股票指数期货的推出铺平了道路。

虽然利率期货的产生较之外汇期货晚了 3 年多，但其发展速度却比外汇期货快得多，其应用范围也远较外汇期货广泛。目前，在期货交易比较发达的国家和地区，利率期货都早已超过农产品期货成为成交量最大的一个类别。在美国，利率期货的成交量甚至已占到整个期货交易总量的一半以上。

3）利率期货的品种

一般来说，可按期货合约标的物期限的长短将利率期货分为短期利率期货和长期利率期货。短期利率期货是指期货合约标的的期限在一年以内的各种利率期货，以货币市场的各类债务凭证为标的的利率期货均属短期利率期货，包括各种期限的商业票据期货、短期国债期货以及欧洲美元定期存款期货等。长期利率期货则是指期货合约标的的期限在一年以上的各种利率期货，以资本市场的各类债务凭证为标的的利率期货均属长期利率期货，包括各种期限的中长期国债期货和市政公债指数期货等。

目前，美国最重要、交易最活跃的利率期货都集中在芝加哥期货交易所和芝加哥商业交易所国际货币市场分部，这两个交易所分别以长期利率期货和短期利率期货为主。在长期利率期货中，最有代表性的是 30 年期的美国长期国债期货和 10 年期的美国中期国债期货，短期利率期货的代表品种则是 3 个月期的美国短期国债期货和 3 个月期的欧洲美元定期存款期货，见表 6-1。

表 6-1　　　　　　　　　　　主要利率期货交易所及其利率期货品种

交易所	利率期货品种
芝加哥商业交易所	3 个月期短期国债、3 个月期欧洲美元
伦敦国际金融期货交易所	30 年期国债、10 年期国债、5 年期国债、2 年期国债

6.1.2　外汇期货

1）外汇期货的概念

外汇期货是指以外汇（货币）为标的物的期货合约，它可以规避汇率波动所引起的汇率风险。

汇率风险表现在两个方面：贸易性汇率风险和金融性汇率风险。在国际贸易活动中，商品和劳务的价格一般是用外汇或国际货币来计价的。目前，大约 70% 的国家用美元来计价。但在实行浮动汇率制的今天，由于汇率的频繁波动，生产者和经营者在进行国际贸易活动时，就难以估算费用和利润，由此产生的风险被称为贸易性风险。在国际金融市场上，借贷的都是外汇，如果借贷的外汇汇率上升，借款人就会遭受巨大损失，汇率的剧烈变化甚至可以吞噬大企业。外汇汇率的波动还直接影响一国外汇储备价值的增减，从而给各国中央银行在管理上带来巨大风险和困难。此种汇率风险称为金融性汇率风险。

2）外汇期货的产生与发展

外汇期货是金融期货中出现最早的品种。1972年5月，芝加哥商业交易所的国际货币市场推出了包括英镑、加元、德国马克在内的7张外汇期货合约，这标志着金融期货这一新的期货类别的产生。

外汇期货产生的原因在于固定汇率制的瓦解和浮动汇率制的出现，它是世界经济格局发生变化的产物。1944年7月，44个国家在美国新罕布什尔州的布雷顿森林召开会议，确立了布雷顿森林体系，实行双挂钩的固定汇率制，即美元与黄金直接挂钩，其他国家货币与美元按固定比价挂钩。布雷顿森林体系的建立，对第二次世界大战后欧洲各国的经济恢复与增长以及国际贸易的发展都起到了重要的作用。同时，在固定汇率制下，各国货币之间的汇率波动被限制在极为有限的范围内，外汇风险几乎被人们所忽视，人们对外汇风险管理的需求自然也不大。

进入20世纪50年代，特别是60年代以后，随着欧洲各国经济的复兴，其持有的美元日益增多，各自的本币也趋于坚挺。美国却因先后对朝鲜和越南发动战争，连年出现巨额贸易逆差，国际收支状况不断恶化，通货膨胀居高不下，从而屡屡出现黄金大量外流、抛售美元的美元危机。

在美国的黄金储备大量流失、美元地位岌岌可危的情况下，美国于1971年8月15日宣布实行"新经济政策"，停止履行以美元兑换黄金的义务。为了挽救濒于崩溃的固定汇率制，同年12月底，十国集团在华盛顿签订了《史密森学会协定》，宣布美元对黄金贬值7.89%，各国货币对美元汇率的波动幅度扩大。1973年2月，美国宣布美元再次贬值10%。美元的再次贬值并未能阻止美元危机的继续发展，最终，1973年3月，在欧洲和日本的外汇市场被迫关闭达17天之后，西方主要国家达成协议，开始实行浮动汇率制。

在浮动汇率制下，各国货币之间的汇率直接体现了各国经济发展的不平衡状况，反映在国际金融市场上，则表现为各种货币之间汇率的频繁、剧烈波动，外汇风险较之固定汇率制下急速增大。各类金融产品的持有者面临着日益严重的外汇风险的威胁，规避风险的要求日趋强烈，市场迫切需要一种便利有效的防范外汇风险的工具。在这一背景下，外汇期货应运而生。

1972年5月，美国的芝加哥商业交易所设立国际货币市场分部，推出了外汇期货交易。当时推出的外汇期货合约均以美元报价，其货币标的共有7种，分别是英镑、加拿大元、德国马克、日元、瑞士法郎、墨西哥比索和意大利里拉。后来，交易所根据市场的需求对合约做了调整，先后停止了意大利里拉和墨西哥比索的交易，增加了荷兰盾、法国法郎和澳大利亚元的期货合约。继国际货币市场成功推出外汇期货交易之后，美国和其他国家的交易所竞相效仿，纷纷推出各自的外汇期货合约，大大丰富了外汇期货的交易品种，并引发了其他金融期货品种的创新。

3）主要外汇期货品种

目前，外汇期货的主要市场在美国和英国，美国和英国的外汇市场又基本集中在芝加哥商业交易所和伦敦国际金融期货交易所，见表6-2。

表6-2　　　　　　　　　主要外汇期货交易所及其外汇期货品种

交易所	外汇期货品种
芝加哥商业交易所	欧元、日元、澳元、英镑、加拿大元、瑞士法郎、瑞典克朗、挪威克朗、新西兰元、南非兰特、匈牙利福林、人民币等
伦敦国际金融期货交易所	欧元、英镑、瑞士法郎等

6.1.3　股指期货

1）股指期货的概念

所谓股指期货，就是以某种股票指数为标的物的标准化的期货合约。

2）股指期货的产生与发展

20世纪70年代，金融全球化和自由化增加了风险的来源和传播渠道，放大了风险的影响和后果，全球商品和资产的价格波动加剧，金融危机频频发生。与此同时，西方各国受石油危机影响，经济发展不稳定，利率、汇率波动频繁，通货膨胀加剧，股市一片萧条。美国道·琼斯指数跌至1 700点，跌幅甚至超过了20世纪30年代金融风暴时期的一倍。股票市场价格大幅波动，投资者对股票风险管理工具的需求非常强烈。

1982年2月24日，堪萨斯城期货交易所（KCBT）正式推出价值线股指期货合约。2个月后，芝加哥商业交易所（CME）推出了标准普尔500（S&P 500）股指期货合约。同年5月，纽约期货交易所（NYBOT）上市了纽约证券交易所综合指数期货。

股指期货交易在开展初期，由于投资者对这一投资工具的特性缺乏了解，并不是很成功。随着市场的发展，股指期货逐渐为投资者所了解和加以应用，其功能在这一时期内逐步被认同，交易也日渐活跃，并在许多国家和地区得到了发展，从而形成了世界性的股指期货交易热潮。

1987年10月19日，美国华尔街股市一大暴跌近25%，从而引发全球股市重挫的金融风暴，即著名的"黑色星期五"。一些人认为，这次股灾的罪魁祸首是股指期货，股指期货助长了股市的暴涨暴跌。尽管事后证明，没有证据表明是期货市场的过错，但是股指期货市场还是受到了重创，交易量不断下降。这次股灾也使市场管理者充分认识到股指期货的"双刃"作用，进一步加强了对股指期货交易的风险监管和制度规范，出台了许多防范股市大跌的应对措施。例如，期货交易所制定出股票指数期货合约的涨跌停板限制，借以稳定市场发生剧烈波动时投资者的恐慌心理。这些措施在后来股指的小幅振荡中起到了重要作用，保证了股指期货市场的持续平稳运行，为20世纪90年代股指期货的繁荣奠定了坚实的基础。

进入20世纪90年代后，有关股指期货的争议逐渐消失，规章制度得以完善，投资行为更为理智。特别是随着全球证券市场的迅猛发展，国际投资日益广泛，投资者对股票市场风险管理工具的需求猛增，使得近十几年来无论是市场经济发达国家，还是新兴市场国家，股指期货交易都呈现出良好的发展势头，并逐步形成了包括股票期货、期权和股指期货、期权在内的完整的股票衍生品市场体系。

3）主要股指期货品种

据美国期货业协会（FIA）统计，截至2005年年底，在29个国家和地区有32家交易所至少有一个股指期货品种在挂牌交易。

目前，股指期货的主要市场在美国、英国、日本、中国香港等国家和地区，具体见表6-3。

表6-3　　　　　　　　　　**主要股指期货交易所及其股指期货品种**

交易所	股指期货品种
芝加哥商业交易所	标准普尔500指数
芝加哥期货交易所	道·琼斯工业股票指数
伦敦国际金融期货交易所	金融时报指数
大阪证券交易所、新加坡交易所	日经225指数
香港联合交易所	香港恒生指数

6.2　中国金融期货交易所股指期货

6.2.1　沪深300股指期货

1）沪深300股指期货合约

沪深300股指期货由中国金融期货交易所推出，合约内容见表6-4。

表6-4　　　　　　　**中国金融期货交易所沪深300股指期货合约**

合约标的	沪深300指数
合约乘数	每点300元
报价单位	指数点
最小变动价位	0.2点
合约月份	当月、下月及随后2个季月
交易时间	上午9：30—11：30，下午1：00—3：00
每日价格最大波动限制	上一个交易日结算价的±10%
最低交易保证金	合约价值的8%
最后交易日	合约到期月份的第三个周五（遇法定节假日顺延）
交割日期	同最后交易日
交割方式	现金交割
交易代码	IF
上市交易所	中国金融期货交易所

资料来源：根据中国金融期货交易所网站相关资料整理。

2）沪深 300 股指期货合约主要条款

（1）合约标的。

沪深 300 股指期货合约的标的为沪深 300 指数。沪深 300 指数由中证指数有限公司编制和发布，选取上海和深圳证券市场中的 300 只 A 股作为样本股，是成分指数。沪深 300 指数样本覆盖了沪深市场六成左右的市值，具有良好的市场代表性，有利于投资者全面把握市场运行状况。

微课 3

中国金融期货交易所股指期货

（2）合约乘数。

沪深 300 股指期货合约的合约乘数为每点人民币 300 元。股指期货合约价值为股指期货指数点乘以合约乘数。乘数是合约设计时交易所规定的，赋予每一指数点一个固定价值的金额，如股指期货报价 4 000 点，则合约价值为 1 200 000 元（4 000×300），如果保证金比率为合约价值的 8%，我们也可以很容易算出应缴纳的保证金为 1 200 000×8%=96 000 元/手。

【例 6-1】计算股指期货交易盈亏。

知道了股指期货合约乘数，我们也可以计算股指期货交易盈亏。比如某投资者 4 000 点开仓买入 1 手沪深 300 股指期货，4 300 点平仓卖出，则该次交易盈亏多少？

解：该次交易投资者盈利 300 点，按每点 300 元计，则实现盈利为：

300 点×300 元/点=90 000（元）

（3）报价单位。

由于股指期货的标的为指数，所以沪深 300 股指期货合约以指数点报价。

（4）最小变动价位。

沪深 300 股指期货合约的最小变动价位是 0.2 点指数点，意味着合约交易报价指数点须为 0.2 点的整数倍，如只有报 4 000.2 或 4 000.4 进行交易才有效，而像 4 000.3 这样的报价是无效的，合约价值的最小变动值为 60 元（300×0.2）。

（5）合约月份。

沪深 300 股指期货合约的合约月份为当月、下月及随后 2 个季月，共 4 个交割月份，同时挂牌交易。季月是指 3、6、9、12 月，如当月为 2017 年 4 月，则下月为 5 月，随后的季月为 6 月和 9 月，表示方式为 IF1704、IF1705、IF1706、IF1709。又如，当月为 2017 年 9 月，则下月为 10 月，随后的季月为 12 月与 2018 年的 3 月，表示方式为 IF1709、IF1710、IF1712、IF1803。就 IF1704 来说，其中 IF 为交易代码，17 表示 2017 年，04 表示交割月份为 4 月。

（6）交易时间。

沪深 300 股指期货合约的交易时间为交易日的上午 9：30—11：30，下午 1：00—3：00。

沪深 300 股指期货合约的交易时间与现货股票市场保持一致，这种交易时间的安排，有利于股指期货实现价格发现的功能，方便投资者根据现货股票资产及价格情况调整套期保值策略，有效控制风险。

（7）每日价格最大波动限制。

沪深 300 股指期货合约的每日价格最大波动限制是指其每日价格涨跌停板幅度。由于我国股票的涨跌停板幅度为±10%，因此，沪深300股指期货合约的涨跌停板幅度为上一交易日结算价的±10%。

涨跌停板幅度由交易所设定，交易所可以根据市场风险状况调整涨跌停板幅度。季月合约的挂牌时间较长，因此季月合约的波动性可能较近月合约大。中金所规定季月合约上市首日涨跌停板幅度为挂盘基准价的±20%，且上市首日有成交的，于下一交易日恢复到合约规定的涨跌停板幅度；若上市首日无成交的，下一交易日继续执行前一交易日的涨跌停板幅度。此外，为了保证股指期货能充分收敛于股指现货，股指期货合约最后交易日涨跌停板幅度为上一交易日结算价的±20%。

（8）最低交易保证金。

沪深300股指期货合约规定最低交易保证金为合约价值的8%。例如，某投资者开仓买入1手期货合约，当日结算价为4 000点，则投资者应缴纳的保证金为96 000元（4 000×300×8%）。

（9）最后交易日。

沪深300股指期货合约的最后交易日为合约到期月份的第三个周五，最后交易日即为交割日。最后交易日为法定假日或者因不可抗力未交易的，以下一个交易日为最后交易日和交割日。到期合约交割日的下一个交易日，新的交割月份合约开始交易。

（10）交易代码。

IF为英文index futures的缩写，即指数期货的缩写。

6.2.2　中证500股指期货和上证50股指期货

1）中证500股指期货和上证50股指期货合约

中证500股指期货和上证50股指期货均由中国金融期货交易所推出，合约内容见表6-5和表6-6。

表6-5　　　　　　　　中国金融期货交易所中证500股指期货合约

合约标的	中证500指数
合约乘数	每点200元
报价单位	指数点
最小变动价位	0.2点
合约月份	当月、下月及随后2个季月
交易时间	上午9：30—11：30，下午1：00—3：00
每日价格最大波动限制	上一个交易日结算价的±10%
最低交易保证金	合约价值的8%
最后交易日	合约到期月份的第三个周五（遇法定节假日顺延）
交割日期	同最后交易日
交割方式	现金交割
交易代码	IC
上市交易所	中国金融期货交易所

资料来源：根据中国金融期货交易所网站相关资料整理。

表6-6　　　　　　　　　　　中国金融期货交易所上证50股指期货合约

合约标的	上证50指数
合约乘数	每点300元
报价单位	指数点
最小变动价位	0.2点
合约月份	当月、下月及随后2个季月
交易时间	上午9：30—11：30，下午1：00—3：00
每日价格最大波动限制	上一个交易日结算价的±10%
最低交易保证金	合约价值的8%
最后交易日	合约到期月份的第三个周五（遇法定节假日顺延）
交割日期	同最后交易日
交割方式	现金交割
交易代码	IH
上市交易所	中国金融期货交易所

资料来源：根据中国金融期货交易所网站相关资料整理。

2）中证500股指期货和上证50股指期货合约主要条款

中证500股指期货和上证50股指期货合约主要条款类似于沪深300股指期货合约条款，但是也有区别，主要体现在以下几个方面：

（1）合约标的。

中证500股指期货合约的合约标的为中证指数有限公司编制的中证500指数。中证500指数挑选沪深证券市场内具有代表性的中小市值公司组成样本股，以便综合反映沪深证券市场内中小市值公司的整体状况。其样本空间内股票扣除沪深300指数样本股及最近一年日均总市值排名前300名的股票，剩余股票按照最近一年（新股为上市以来）的日均成交金额由高到低排名，剔除排名后20%的股票，然后将剩余股票按照日均总市值由高到低进行排名，选取排名在前500名的股票作为中证500指数样本股。

上证50股指期货合约的合约标的为上海证券交易所编制的上证50指数。上证50指数挑选上海证券市场规模大、流动性好的最具代表性的50只股票组成样本股，以便综合反映上海证券市场最具市场影响力的一批龙头企业的整体状况。

如果说沪深300指数反映的是大型公司股票价格走势的话，那么中证500指数反映的就是中小型公司股票价格走势，而上证50指数反映的就是少数龙头公司股票价格走势。

（2）合约乘数。

上证50股指期货合约的合约乘数为每点人民币300元。中证500股指期货合约的合约乘数为每点人民币200元，低于沪深300股指期货合约的合约乘数为每点人民币300元。

（3）交易代码。

中证500股指期货合约交易代码为IC。上证50股指期货合约交易代码为IH。

6.3 中国金融期货交易所国债期货

6.3.1 中国金融期货交易所5年期国债期货

1）5年期国债期货合约

中国金融期货交易所5年期国债期货合约见表6-7。

表6-7   **中国金融期货交易所5年期国债期货合约**

合约标的	面值为100万元人民币、票面利率为3%的名义中期国债
可交割国债	发行期限不高于7年、合约到期月份首日剩余期限为4～5.25年的记账式附息国债
报价方式	百元净价报价
最小变动价位	0.005元
合约月份	最近的三个季月（3月、6月、9月、12月中的最近三个月循环）
交易时间	9：30—11：30，13：00—15：15
最后交易日交易	9：30—11：30
每日价格波动限制	上一交易日结算价的±1.2%
最低交易保证金	合约价值的1%
最后交易日	合约到期月份的第二个星期五
最后交割日	最后交易日后的第三个交易日
交割方式	实物交割
交易代码	TF
上市交易所	中国金融期货交易所

资料来源：根据中国金融期货交易所网站相关资料整理。

2）5年期国债期货合约主要条款

（1）合约标的。

微课4

中国金融期货交易所国债期货

5年期国债期货合约标的为面值为100万元人民币、票面利率为3%的名义中期国债。通常来说，国债的面值为100元/张，100万元面值代表100 00张/手。票面利率3%是交易所根据我国利率市场实际基本情况确定的，而名义是指这样的国债是虚拟的。

（2）可交割国债。

为了防止现券不足，减少交割风险，5年期国债期货交割时可以用发行期限不高于7年、合约到期月份首日剩余期限为4～5.25年的记账式附息国债。我国记账式付息国债是指在证券交易所或者银行间债券市场上交易的上市国债，且该国债的利息支付方式为每隔一段时期支付一次利息，一般每半年或者每年支付一次利息。

（3）报价方式。

5年期国债期货的报价采用百元净价报价。百元报价是指以债券面额，即100元为单位进行报价。净价相对于全价而言，净价不含利息，全价是指债券价格中将应计利息包含在内，其中应计利息是指从上次付息日到购买日债券的利息。债券价格与预期市场利率成反比，市场利率上升，债券价格下跌，反之市场利率下跌，债券价格上升。

【例6-2】5年期国债期货交易盈亏计算。

解：根据5年期国债期货的报价，我们可以计算国债期货合约的合约价值以及交易盈亏。如果5年期国债期货合约的市场报价为98.665元，则1手5年期国债期货合约的合约价值为：

98.665×10 000=986 650（元）

如果保证金比率为1%，则1手应交保证金为9 866.500元。

同样，我们也可以计算国债期货交易的盈亏，比如某投资者以95.820元开仓买入1手，以96.545元平仓卖出，则该次交易盈亏多少？显然，100元面额盈利为：

96.545－95.820=0.725（元）

则1手5年期国债期货盈利为：

0.725×10 000=7 250（元）

（4）最小变动价位。

5年期国债期货的最小变动价位为0.005元，意味报价小数点后可以有三位，第三位数为5或0，如98.875、99.740等。

（5）合约月份。

国债期货作为利率期货，其合约的交割月份一般设定为季度月份，5年期国债期货的合约月份为最近的三个季月（3月、6月、9月、12月中的最近三个月循环）。

6.3.2 中国金融期货交易所2年期和10年期国债期货

1）2年期和10年期国债期货合约

中国金融期货交易所2年国债期货合约和10年期国债期货合约分别见表6-8和表6-9。

表6-8 中国金融期货交易所2年期国债期货合约

合约标的	面值为200万元人民币、票面利率为3%的名义中短期国债
可交割国债	发行期限不高于5年，合约到期月份首日剩余期限为1.5～2.25年的记账式附息国债
报价方式	百元净价报价
最小变动价位	0.005元
合约月份	最近的三个季月（3月、6月、9月、12月中的最近三个月循环）
交易时间	9：30—11：30，13：00—15：15
最后交易日交易	9：30—11：30
每日价格波动限制	上一交易日结算价的±0.5%
最低交易保证金	合约价值的0.5%
最后交易日	合约到期月份的第二个星期五
最后交割日	最后交易日后的第三个交易日
交割方式	实物交割
交易代码	TS
上市交易所	中国金融期货交易所

资料来源：根据中国金融期货交易所网站相关资料整理。

表6-9　　　　　　　　　中国金融期货交易所10年期国债期货合约

合约标的	面值为100万元人民币、票面利率为3%的名义长期国债
可交割国债	发行期限不高于10年、合约到期月份首日剩余期限不低于6.5年的记账式附息国债
报价方式	百元净价报价
最小变动价位	0.005元
合约月份	最近的三个季月（3月、6月、9月、12月中的最近三个月循环）
交易时间	9：15—11：30，13：00—15：15
最后交易日交易	9：30—11：30
每日价格波动限制	上一交易日结算价的±2%
最低交易保证金	合约价值的2%
最后交易日	合约到期月份的第二个星期五
最后交割日	最后交易日后的第三个交易日
交割方式	实物交割
交易代码	T
上市交易所	中国金融期货交易所

资料来源：根据中国金融期货交易所网站相关资料整理。

2）2年期和10年期国债期货合约主要条款

同5年期国债期货合约相比，2年期和10年国债期货合约条款有以下不同：

（1）合约标的。

2年期国债期货的合约标的为面值为200万元人民币、票面利率为3%的名义中短期国债；5年期国债期货的合约标的为面值为100万元人民币、票面利率为3%的名义中期国债；10年期国债期货的合约标的为面值为100万元人民币、票面利率为3%的名义长期国债。

（2）可交割国债。

2年期国债期货可交割国债为发行期限不高于5年，合约到期月份首日剩余期限为1.5～2.25年的记账式附息国债；5年期国债期货可交割国债为发行期限不高于7年、合约到期月份首日剩余期限为4～5.25年的记账式附息国债；10年期国债期货可交割国债为发行期限不高于10年、合约到期月份首日剩余期限不低于6.5年的记账式附息国债。

（3）每日价格最大波动限制。

2年期、5年期、10年期国债期货的每日价格最大波动限制分别为上一交易日结算价的±0.5%、±1.2%、±2%。通常情况下，国债期货越长，风险越大，价格波动越大，因此对应的每日价格最大波动限制也相应随着期限的延长而增大。

（4）最低交易保证金。

2年期、5年期、10年期国债期货的最低交易保证金分别为合约价值的0.5%、1%、

2%。显然，随着每日价格最大波动限制的增大，最低交易保证金比率也相应提高。

（5）交易代码。

2年期、5年期、10年期国债期货交易代码分别为TS、TF、T。

知识链接 6-2

标准普尔500股票指数

标准普尔500指数的英文缩写为S&P 500 Index，是记录美国500家上市公司的一种股票指数。这种股票指数由标准普尔公司创建并维护。

标准普尔500指数覆盖的所有公司，都是在美国主要交易所，如纽约证券交易所、纳斯达克股票交易所的上市公司。与道·琼斯指数相比，标准普尔500指数包含的公司更多，因此其风险更为分散，能够反映更广泛的市场变化。

标准普尔500指数是由标准普尔公司1957年开始编制的。最初的成分股由425种工业股票、15种铁路股票和60种公用事业股票组成。从1976年7月1日开始，其成分股改由400种工业股票、20种运输业股票、40种公用事业股票和40种金融业股票组成。它以1941年至1942年为基期，基期指数定为10，采用加权平均法进行计算，以股票上市量为权数，按基期进行加权计算。与道·琼斯工业平均股票指数相比，标准普尔500指数具有采样面广、代表性强、精确度高、连续性好等特点，被普遍认为是一种理想的股票指数期货合约的标的。

标准普尔500指数的标准合约见表6-10。

表6-10　　　　　　　　**标准普尔500指数的标准合约**

交易单位	500美元×标准普尔500股票价格指数
最小变动价位	0.05个指数点（每张合约25美元）
每日价格最大波动限制	与证券市场挂牌的相关股票的交易中止相协调
合约月份	3、6、9、12月
交易时间	8：30—15：15（芝加哥时间）
最后交易日	最终结算价格确定日的前一个工作日
交割方式	按最终结算价格以现金结算，此最终结算价由合约月份的第三个星期五的标准普尔500股票价格指数的构成股票市场开盘价所决定
交易场所	芝加哥商业交易所

案例分析 6-1

里森搞垮巴林银行

一、事件发生

1995年2月，具有230多年历史、在世界1 000家大银行中按核心资本排名第489位的英国巴林银行宣布倒闭。这一消息在国际金融界引起了强烈震动。

巴林银行的倒闭是由该行在新加坡的期货公司交易形成巨额亏损引发的。1992年，新加坡巴林期货公司开始进行金融期货交易不久，前台首席交易员（而且是后台结算主管）里森即开了"88888"账户。开户表格上注明此账户是"新加坡巴林期货公司的误差账户"，只能用于冲销错账，但这个账户却被用来进行交易，甚至成了里森赔钱的"隐藏所"。里森通过指使后台结算操作人员在每天交易结束后和第二天交易开始前，在"88888"账户与巴林银行的其他交易账户之间做假账进行调整。通过假账调整，里森反映在总行其他交易账户上的交易始终是盈利的，而把亏损掩盖在"88888"账户上。

二、对股指期货等衍生品交易的亏损分析

巴林银行倒闭是由于其子公司——新加坡巴林期货公司持有大量未经保值的期货和选择权头寸而导致巨额亏损。经调查发现，新加坡巴林期货公司1995年交易的期货合约是日经225指数期货，即日本政府债券期货和欧洲日元期货，实际上所有的亏损都是由这两种合约引起的。

（一）来自日经225指数期货的亏损

自1994年下半年起，里森认为日经指数将上涨，遂逐渐买入日经225指数期货，不料1995年1月17日关西大地震后，日本股市反复下跌，里森的投资损失惨重。里森当时认为股票市场对神户地震反应过激，股价将会回升。为弥补亏损，里森一再加大投资，再次大规模建多仓，以期翻本。其策略是继续买入日经225期货，其日经225期货头寸从1995年1月1日的1 080张9503合约多头增加到2月26日的61 039张多头（其中9503合约多头55 399张，9506合约多头5 640张）。据估计，其9503合约多头平均买入价为18 130点，经过2月23日，日经指数急剧下挫，9503合约收盘价跌至17 473点以下，导致无法弥补损失，累计亏损达到了480亿日元。

（二）来自日本政府债券的空头期货合约的亏损

里森认为日本股票市场股价将会回升，而日本政府债券价格将会下跌，因此在1995年1月16日—24日大规模建日经225指数期货多仓的同时，又卖出大量日本政府债券期货。里森在"88888"账户中未套期保值合约数从1月16日的2 050手多头合约转为1月24日的26 079手空头合约，但1月17日关西大地震后，在日经225指数出现大跌的同时，日本政府债券价格普遍上升，使里森日本政府债券的空头期货合约也出现了较大亏损，在1月1日到2月27日期间就亏损1.9亿英镑。

（三）来自股指期权的亏损

里森在进行以上期货交易时，还同时进行日经225期货期权交易，大量卖出鞍马式选择权。鞍马式期权获利的机会是建立在日经225指数小幅波动的基础上的，因此日经225指数出现大跌，里森作为鞍马式选择权的卖方出现了严重亏损，到1995年2月27日，期权头寸的累计账面亏损已经达到184亿日元。

截至1995年3月2日，巴林银行亏损额达9.16亿英镑，约合14亿美元。3月5日，国际荷兰集团与巴林银行达成协议，接管其全部资产与负债，更名为"巴林银行有限公司"。3月9日，此方案获英格兰银行及法院批准。至此，巴林银行230年的历史终于画上了句号。

资料来源：期货市场典型案例研究课题组. 期货市场典型案例研究［M］. 北京：中国金融出版社，2010.

问题：根据以上材料分析，由于里森犯了哪些错误，从而最终搞垮了巴林银行。

分析提示：市场判断失误并隐瞒亏损，使得损失越来越大。

知识掌握

6.1 什么是金融期货？

6.2 什么是利率期货？世界主要利率期货品种有哪些？

6.3 什么是外汇期货？世界主要外汇期货品种有哪些？

6.4 什么是股指期货？世界主要股指期货品种有哪些？

6.5 沪深300股指期货合约的主要条款有哪些？

6.6 中国金融期货交易所5年期国债期货合约的主要条款有哪些？

知识应用

□ 案例分析

索罗斯再次栽倒在香港：传20万手空单遭闷杀 损失24亿港元

又是索罗斯，香港资本市场剧烈动荡的幕后黑手出现。

多家媒体报道，利用港股近来的下跌，索罗斯大举买入空单建仓，预计不低于20万张。数据显示，8月13日港交所期货及期权总成交量和小型恒生指数期货成交量创新高。与此同时，恒生指数经历了一轮3 000多点的急挫，跌幅逾10%。

历史再一次重演，索罗斯再一次在香港栽了跟头。香港特区政府9月4日的举措，令港股大幅回升，恒生指数单日一度暴涨4.3%。9月5日，索罗斯大举抛出空单最后一搏，港交所电子交易系统出现故障，并于下午2时起暂停衍生产品市场交易。次日恢复交易后，港股继续上扬，大鳄索罗斯被"关门打狗"，传闻损失惨重，高达24亿港元。9月9日，索罗斯公开发声，称对打败中国的兴趣，胜过关心美国国家利益。

21年前，香港也曾与"做空"势力开启一场为保住繁荣的"殊死搏斗"，主角就是索罗斯。

20世纪90年代末，亚洲沉醉在虚假繁荣的"泡沫"当中，以索罗斯为代表的金融大鳄借机"做空"，掀起"亚洲金融风暴"，从泰国开始一路席卷马来西亚、印度尼西亚、韩国，直到在中国香港才遭挫败。

先是1997年，索罗斯突袭泰国，一天之内泰铢兑美元汇率就暴挫逾17%，外汇及其他金融市场也随之陷入混乱。随后索罗斯转头攻击印度尼西亚、菲律宾、缅甸、马来西亚等与泰国经济连带较深的国家，同样屡战屡胜，外界推测这期间索罗斯狂卷100多亿美元。

1998年，索罗斯盯上了亚洲金融中心，刚刚回归中国不久的香港，企图做空港币。时任香港金融管理局总裁任志刚，最初采用"拉高利率，抽高息口"来应对。一边买入炒家抛售的港币，另一边抽紧银根使银行利率飙升，国际炒家获取"筹码"的成本激增，做空屡屡失败，任志刚的应对方法被戏称为"任一招"。

应对方法看似固若金汤，却忽略了银行利率上行会对股市造成冲击。国际炒家"佯攻"港币汇率，逼迫政府拉高利率间接打压股市，便可从中做空获利。1997年11月以后，恒生指数一路狂泄，到1998年8月，一度创下6 660点的低点；香港房地产价格暴跌将近50%。香港面临开埠以来最沉重的打击，也迎来了香港金融发展史上的危机时刻。

索罗斯前期在汇市拆借了大量港币，同时在股市通过券商从世界各地秘密买入港股或借入成分股，在股指期货市场暗中建仓累积空单，此后一路释放消息拉抬股市、汇市，等待最终的"致命一击"。

1998年8月，香港第二季度出现5%的经济负增长，失业率上升至4.8%，还有诸多人民币贬值、港元与美元就要脱钩的谣言。索罗斯认为时机已到，遂借机发难，在21年前的8月5日对香港打响了"第一枪"。

1998年8月5日，国际炒家开始抛售港元，政府为保卫联系汇率再次使出"任一招"，大笔吃入筹码并提高拆息和银行利率，导致恒生指数及期货因"加息"大幅下跌。随即炒家顺势将积攒和融券借入的恒指成分股疯狂抛出，集中打压恒生指数，短短4个交易日，恒生指数一度下跌300点，洞穿6 600点整数位关口，于8月13日最低跌至6 544.79点。

最后，在股指期货市场以期指空单张网坐收暴利——恒生指数每跌1个点，每张空单即获暴利50港元。8月14日前恒生指数连续下跌2 000多点，每张空单狂吞10余万港元！如果这时继续任由国际炒家肆意，恒生指数一泻到两三千点，"索罗斯们"卷资跑路，香港只会沦为下一个泰国。

8月14日，时任香港财政司司长曾荫权做出"艰难决定"，在漫天争议中决定动用外汇基金入市干预，大量购入蓝筹股，当天恒生指数即上升564点，报收7 244点。曾荫权事后回忆，做决定那个晚上，他哭了一宿。唯恐输掉全香港人的钱，跳楼都是百身莫赎。

此后的两周，双方在股市上你来我往，简而言之就是"索罗斯们"拼命卖，特区政府拼命买，比的是谁的钱多。8月28日，恒指期货结算日，双方迎来最终对决，特区政府死守恒生指数权重股，最终全天恒生指数始终维持在7 800点以上，坊间传言索罗斯亏损约10亿美元，铩羽而归。

资料来源：佚名. 索罗斯再次栽倒在香港：传20万手空单遭闷杀 损失24亿港元 [N]. 金融观察家，2019-09-18.

问题：根据上述资料，分析索罗斯两次栽倒在香港股指期货的原因。

分析提示：香港特区政府金融部门正确应对，坚实的香港经济基本面、中国政府强力支持等。

□ 实践训练

熟悉中国金融期货交易所沪深300股指期货合约的交易。

要求：

①登录一家期货经纪公司的网站，下载一款沪深300股指期货行情软件。

②观察正在交易的股指期货合约有哪些。

③熟悉每份合约的即时交易行情。

④分组讨论影响沪深300股指期货价格的主要因素是什么。

第7章 投机和套利

学习目标

在学习完本章之后，你应该能够：掌握投机的概念及投机的基本方法；了解基差、价差及其走势图的含义；掌握套利的概念及套利的基本方法。

引 例

证监会原副主席姜洋为期货及衍生品市场正名

2018年11月20日晚，在中国金融四十人论坛主办的第12期"CF40·孙冶方悦读会"上，上海新金融研究院（SFI）学术顾问、证监会原副主席姜洋，结合其新书《发现价格：期货和金融衍生品》为期货市场正名。

姜洋谈到，在金融交易市场中，期货和衍生品市场是最不被社会公众理解的。银行信贷间接融资、证券市场的直接融资对社会的积极作用直观，公众看得清楚，比如个人、企业在银行的存款和贷款，在证券市场买卖股票和债券。

"但期货市场的功能是发现价格、套期保值，具有隐蔽性，社会看得不直观。"姜洋说期货市场具有几个容易被忽视的特点：向社会无偿提供商业活动的定价基准，具有公益性。许多农户商户并不参与期货交易，但需要依靠期货市场形成的价格作为各自经营的指导价。

期货投机交易活动创造了市场的活跃度和流动性，为企业进入期货市场套期保值、管理风险提供了可能性。直接参与期货市场套期保值的企业，可以按照生产需要，用很少的保证金（5%）分期分批在市场逐步建仓购买商品，减少不必要的库存资金和仓储费用。

"期货市场作用有点儿像城市里的基础设施，贡献则来自于投机者前赴后继的'赌博'热情"，姜洋说，"主观上他们是为了投机赚钱，客观上则为社会提供了一个大家不用付费就能使用的功能。"

资料来源：吴小飞. 原证监会副主席姜洋为期货及衍生品市场正名［N］. 经济观察报，2019-03-21.

这一案例表明：期货交易按其性质可以划分为投机交易、套利交易和套期保值交易。普通期货投资者所进行的交易绝大多数是投机交易，套利交易是投机交易的一种特殊形式。投机交易为期货市场提供了流动性，保证了套期保值交易的进行。

7.1 投机和套利概述

7.1.1 期货投机交易

期货投机交易是指在期货市场上以获取价差收益为目的的期货交易行为。投机者根据自己对期货价格走势的判断，做出买进或卖出的决定，如果这种判断与市场价格走势相同，则投机者平仓出局后可获取投机利润；如果判断与价格走势相反，则投机者平仓出局后承担投机损失。由于投机的目的是赚取差价收益，所以，投机者一般只是平仓了结期货交易，而不进行实物交割。

进行期货投机交易的关键在于对期货市场价格变动趋势的分析预测是否准确，由于影响期货市场价格变动的因素很多，特别是投机心理等偶然性因素难以预测，因此，正确判断难度较大，所以期货投机交易的风险较大。

7.1.2 投机在期货市场中的作用

投机是一个很敏感的词，由于中国特殊的历史环境，它一直被认为是贬义词；而在西方，投机在英语中是"speculation"，原意是指"预测"，是一个中性词。在中国，投机一直含有玩弄手段之意，有违中国人的做人原则，同时中国人一直崇尚"人勤百业兴"，投机有不务正业之嫌。在期货市场上，很多成功的事例说明，不管你怎么想、怎么看，投机都是市场经济发展的一种自然选择。

做投机生意的人在中国人眼中一直是很不光彩的角色，被人们认为总是用不正当的手段坑害别人，自己从中捞取好处。这真是偏见。其实，投机者在进行投机的过程中，不仅需要许多有关商品的知识，更重要的，投机是对一个人的个性、信心、胆量、判断力等综合素质的考验。要想成功，就必须随时准备接受失败的厄运，因此，每个投机者都必须全力以赴，无可选择地努力争取。在期货交易中，信息是制胜的重要因素，但掌握信息也并非易事，长期的收集，广泛的调查，独具慧眼的分析，无不需要丰富的经验、知识，以及勤奋和耐心，怎么能说投机者是不劳而获呢？因此，有必要给期货投机来一个正名。

投机交易在期货市场上有增加市场流动性和承担套期保值者转嫁的风险的作用，有利于期货交易的顺利进行和期货市场的正常运转。它是期货市场套期保值功能和发现价格功能得以发挥的重要条件之一，主要表现在：

1）投机者是期货风险的承担者，是套期保值者的交易对手

期货市场的套期保值交易能够为生产经营者规避风险，但它只是转移了风险，并不能把风险消灭。转移出去的风险需要有相应的承担者，期货投机者在期货市场上正起着承担风险的作用。期货交易运作的实践证明，一个市场中只有套期保值交易根本无法达到转移风险的目的。如果只有套期保值者参与期货交易，那么，必须在买入套期保值者和卖出套期保值者交易数量完全相等时，交易才能成立。实际上，多头保值者和空头保值者的不平衡是经常的，因此，仅有套期保值者的市场，套期保值是很难实现的。投机者的参加正好能弥补这种不平衡，促使期货交易的实现。在利益动机的驱使下，投机者根据自己对价格的判断，不断在期货市场上买卖期货合约，以期在价格波动中获利。在

这一过程中，投机者必须承担很大的风险，一旦市场价格与投机者预测的方向相反，就会造成亏损。如果期货市场上没有投机者或没有足够的投机者参与期货交易，套期保值者就没有交易对手，风险也就无从转嫁，期货市场套期保值回避风险的功能就难以发挥。

2）投机交易促进市场流动性，保障了期货市场发现价格功能的实现

发现价格功能是在市场流动性较强的条件下实现的。一般说来，期货市场流动性的强弱取决于投机成分的多少。如果只有套期保值者，即使集中了大量的供求信息，也难以找到交易对手，少量的成交就可对价格产生巨大的影响。在交易不活跃市场形成的价格，很可能是扭曲的。投机者的介入为套期保值者提供了更多的交易机会，众多投机者通过对价格的预测（有人看涨，有人看跌），积极进行买空卖空活动。这就增加了参与交易的人数，扩大了市场规模和深度，使得套期保值者较容易找到交易对手，自由地进出市场，从而使市场具有充分的流动性。

要使风险高效转移，就必须有一大群人乐意买卖合约。当套期保值者想通过销售期货合约来巩固他的商业地位时，他不能支付长期四处寻找买主的费用，需要很快完成交易。期货交易所汇集了大量投机者而让快速交易成为可能。期货投机者为了使自己的投机活动获利，就必须不断地运用各种手段，通过各种渠道，收集、传递、整理所有可能影响商品价格变动的信息资料，并将自己对未来价格的预期通过交易行为反映在期货价格之中。同时，投机者在市场中的快进快出，使得投机者能够及时修正自己对价格的判断，进一步影响期货价格的形成。因此，在流动性较好的市场中，由于适度的投机交易的存在，期货价格的连续性得到保证，能相对准确、真实地反映出商品的远期价格。

3）适度的期货投机能够减小价格波动

投机者进行期货交易，总是力图通过对未来价格的正确判断和预测来赚取差价利润。当期货市场供过于求时，市场价格低于均衡价格，投机者低价买进合约，从而增加了需求，使期货价格上涨，供求重新趋于平衡；当期货市场供不应求时，市场价格则高于均衡价格，投机者会高价卖出合约，增加了供给，使期货价格下跌，供求重新趋于平衡。可见，期货投机对于缩小价格波动幅度发挥了很大的作用。

7.1.3　套利交易

1）套利交易的概念

套利交易指的是在买入（卖出）某种期货合约的同时，卖出（买入）相关的数量相同的另一种合约，并在某个时间同时将两种合约平仓的交易方式。套利交易丰富和发展了期货投机交易的内容，并使期货投机不仅仅局限于期货合约绝对价格水平的变化，而是更多地转向期货合约相对价格水平的变化。在进行套利交易时，交易者注意的是合约之间的相对价格关系，而不是绝对价格水平，他们买进自认为"便宜"的合约，同时卖出那些自认为"高价"的合约。如果价格的变动方向与当初的预测相一致，交易者即可从两个合约价格间的关系变动中获利。

2）套利交易的原理

套利交易是在价格联动性很强的两种不同期货合约（包括现货）上建立数量相同、

方向相反的头寸，然后平仓的交易行为。套利交易的原理如下：

（1）两种期货合约的价格大体受相同的因素影响，因而在正常情况下价格变动虽存在波幅差异，但应有相同的变化趋势。

（2）两种期货合约间应存在合理的价差范围，但意外因素会使价差超过合理范围，随着时间的推移，价差会回归到合理的范围。

（3）两种期货合约间的价差变动有规律可循，且其运动方式具有可预测性。期货的价格由于其较大的波动率往往不容易预测。在牛市时，期货价格会涨得出乎意料得高；而在熊市时，期货价格会跌得出乎意料得低。套利交易不是直接预测未来期货合约的价格变化，而是预测未来供求关系变化引起的价差的变化。作后一种预测的难度显然比作前一种预测的难度低。决定未来商品价格的供求关系是十分复杂的，虽然有规律可循，但仍然包含许多不确定性。而预测价差的变化，则不必考虑所有影响供求关系的因素。由于两种期货合约的关联性，许多不确定的供求关系只会造成两种合约价格的同涨同跌，对价差的影响不大，对这一类供求关系就可以忽略了。

3）套利交易的特点

套利交易是期货投机交易的一种特殊方式，其特殊性体现在以下几个方面：

一是普通投机交易只是利用单一期货合约价格的上下波动赚取利润，而套利交易是从不同的两个期货合约彼此之间的相对价格差异套取利润。

二是普通投机交易在一段时间内只进行买或卖，而套利交易则是在同一时间买入并卖出期货合约。

三是相较于普通投机交易，套利交易风险较小。一般来说，进行套利交易时，由于所买卖的合约是同类商品，所以不同交割月份的两张期货合约价格在运动方向上是一致的，买入期货合约的损失会因卖出期货合约的盈利而抵消；或者卖出期货合约的损失会因买入期货合约的盈利而弥补。因此，套利交易可以为避免价格剧烈波动而引起的损失提供某种保护，其承担的风险较单方向的普通投机交易小。

7.2　投机交易操作

根据投资者对未来期货价格走势的判断，可将期货投机交易操作分为买低卖高和卖高买低两种基本类型。其中，买低卖高一般也称为看涨，卖高买低也称为看跌。

7.2.1　买低卖高

所谓买低卖高，指的是投资者判断未来期货价格呈上升趋势（看涨），因此先买进期货合约，待一段时间期货价格上升时再平仓卖出，获取价差收益。

【例7-1】中证500股指期货看涨投机交易操作

2019年8月初，投资者预计中小盘股票还会有半年的上升期，于是在8月6日开仓买入IC1909合约2手，买入价为5 000点。到8月20日，IC1909合约价格上升至5 600点，该投资者获利丰厚，落袋为安，于是以5 600点平仓，计算该投资者的交易盈亏情况（不含手续费）。

解：具体操作过程及盈亏情况见表7-1。

表7-1   中证500股指期货看涨投机交易操作过程

操作类型	操作过程	操作结果
开仓买入	价格：5 000点 数量：2手	保证金比例：8% 保证金=5 000×200×2×8%=160 000（元）
平仓卖出	价格：5 600点 数量：2手	价格上升：5 600−5 000=600（点） 盈利额=600×200×2=240 000（元）

7.2.2 卖高买低

所谓卖高买低，指的是投资者判断未来期货价格呈下降趋势（看跌），因此先卖出期货合约，待一段时间期货价格下跌时再平仓买进，获取价差收益。

【例7-2】10年期国债期货看跌投机交易操作

5月8日，投资者认为市场利率可能会上升，国债价格会下跌，于是在5月8日开仓卖出中国金融期货交易所10年期国债期货T1909合约2手，卖出价为97.865元。到6月5日，T1909合约价格下跌至97.365元时投资者平仓买入结束交易。计算该投资者的交易盈亏情况（不含手续费）。

解：具体操作过程及盈亏情况见表7-2。

表7-2   10年期国债期货看跌投机交易操作过程

操作类型	操作过程	操作结果
开仓卖出	价格：97.865 数量：2手	保证金比例：2% 保证金=97.865×10 000×2×2%=39 146（元）
平仓买入	价格：97.365 数量：2手	百元面值价格下跌：97.865−97.365=0.5（元） 盈利额=10 000×0.5×2=10 000（元）

法律法规与职业道德 7-1

《最高人民法院 最高人民检察院关于办理操纵证券、期货市场刑事案件适用法律若干问题的解释》

第一条　行为人具有下列情形之一的，可以认定为刑法第一百八十二条第一款第四项规定的"以其他方法操纵证券、期货市场"：

（一）利用虚假或者不确定的重大信息，诱导投资者做出投资决策，影响证券、期货交易价格或者证券、期货交易量，并进行相关交易或者谋取相关利益的；

（二）通过对证券及其发行人、上市公司、期货交易标的公开做出评价、预测或者投资建议，误导投资者做出投资决策，影响证券、期货交易价格或者证券、期货交易量，并进行与其评价、预测、投资建议方向相反的证券交易或者相关期货交易的；

（三）通过策划、实施资产收购或者重组、投资新业务、股权转让、上市公司收购等虚假重大事项，误导投资者做出投资决策，影响证券交易价格或者证券交易量，并进行相关交易或者谋取相关利益的；

（四）通过控制发行人、上市公司信息的生成或者控制信息披露的内容、时点、节奏，误导投资者做出投资决策，影响证券交易价格或者证券交易量，并进行相关交易或者谋取相关利益的；

（五）不以成交为目的，频繁申报、撤单或者大额申报、撤单，误导投资者做出投资决策，影响证券、期货交易价格或者证券、期货交易量，并进行与申报相反的交易或者谋取相关利益的；

（六）通过囤积现货，影响特定期货品种市场行情，并进行相关期货交易的；

（七）以其他方法操纵证券、期货市场的。

资料来源：作者根据相关资料整理。

7.3　套利交易操作

套利交易从操作方式上可分为期现套利、跨市套利、跨商品套利和跨期套利四种类型。

7.3.1　价差与基差

我们知道，普通投机交易只是利用单一期货合约价格的上下波动赚取利润，而套利交易是从相关的两个期货合约，或者期货合约与现货之间的相对价格差异来获取利润，这种价格差异我们称之为价差。

习惯上，我们把现货价格与相应的期货合约价格之差称为基差，即：

基差=现货价格-期货价格

基差可以是正数也可以是负数，这主要取决于现货价格是高于还是低于期货价格。现货价格高于期货价格，则基差为正数，称为远期贴水或现货升水；现货价格低于期货价格，则基差为负数，称为远期升水或现货贴水。

理论上，期货价格=现货价格+现货储存成本，所以在正常情况下，期货价格应该高于现货价格，基差为负值，近期月份期货合约价格低于远期月份期货合约价格。当市场出现上述情况时，我们一般称之为正向市场。这也很容易理解，例如，某铜加工商3个月后需要铜，它既可以现在从现货市场买入铜，也可以买入3个月后交割的铜期货。显然，现在买入铜，加工商一方面要付出铜的储存成本，另一方面购买同样数量的铜，现货付出的资金要多于期货，因为期货是保证金交易，加工商还要付出资金成本，理论上这些成本使得正常情况下现货价格低于期货价格，近期合约价格低于远期合约价格。

反向市场也叫逆向市场，是指现货价格高于期货价格，即基差为正值，或者近期合约价格高于远期合约价格。出现这种情况有两个原因：一是近期对某种商品的需求非常迫切，远大于近期产量及库存量；二是预计将来该商品的供给会大幅度增加。反向市场的出现是由于人们对现货商品的需求过于迫切，价格再高也愿意承担，从而造成现货价格大幅上升，近期月份合约价格也随之上升，远期月份合约则因未来供给将大量增加的预测，价格相对平稳。

普通投机成功的关键在于判断期货价格的变动趋势，套利成功的关键在于关注基差和价差的变动趋势。

相关的期货合约价格之间、期货合约价格与现货价格之间有一定的关系，其价格之差或价格之比要在一定的范围内波动，这是正常的价差范围。当它们的价格关系超出正常范围时，就是不合理的价格关系。一旦基差和价差超出正常水平，就存在套利的可能，投资者可以从基差和价差从异常水平恢复到正常水平中获利，当然还要考虑诸如资金成本等问题。

7.3.2 期现套利

在正常市场中，尽管当月或临近交割月份的合约价格与该商品的现货价格存在一些不同，但两者通常相差不大。这种现象很容易解释，它是期货合约可进行实物交割的逻辑结果。

如果到期的期货合约价格与该商品在现货市场中的价格相差很大，那么交易商能通过往返于现货和期货市场而轻易赚钱。比如，如果到期铝期货价格比现货高500元/吨，交易商只需在期货市场卖出铝期货，在现货市场买入铝，并用现货市场购买到的铝进行实物交割，就能获得一定的无风险收益。当然，期货价格要高于现货价格，并且超过用于交割的各项成本，如运输成本、质检成本、仓储成本、开具发票所增加的成本等，另外还不能忽视购买现货的资金成本。

在实际进行期现套利操作时，可以关注某期货合约对应的基差走势图（如图7-1所示）。一旦基差超过各项成本，就可实施期现套利。

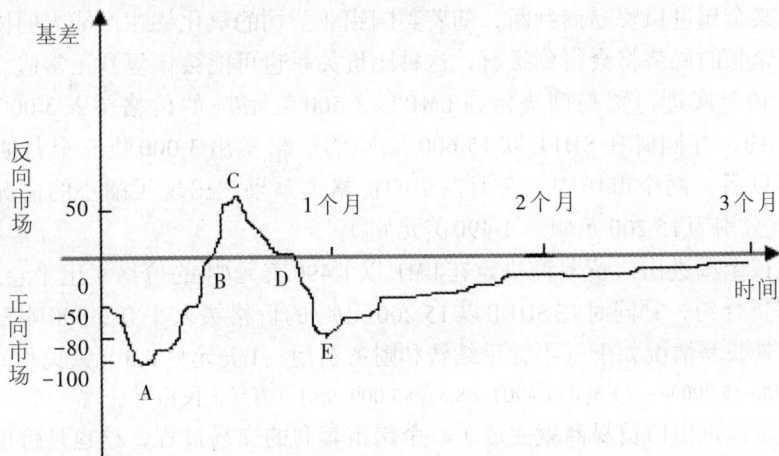

图7-1 基差走势图

【例7-3】6月份，强麦的现货收购价为1 800元/吨，9月份交割的强麦期货价为2 050元/吨。通过调查，发现每吨强麦的交割费用如下：

交易交割手续费：2元/吨；短途运输成本：15元/吨；入库费用：6元/吨（汽车），19元/吨（火车）；仓储费：0.3元/吨/天，按90天计算，共计27元/吨；检验费：1元/吨；增值税：按照利润100元、税率13%计算，为11.5元/吨；麻袋费用：20元/吨；整理、装车等其他费用：13元/吨；资金利息：按照1 800元/吨、贷款3个月短期贷款年利率6.57%计算，为29.565元/吨。

以上费用合计：125元/吨~138元/吨。

目前，强麦现货价格与9月份交割的强麦期货合约价格的基差绝对值为250元/吨，因此，只要每吨强麦的交割费用低于250元，就存在无风险的期现套利机会。强麦期现套利流程如下：以 1 800 元/吨买入现货强麦并储存，同时卖出对应数量的 9 月份交割的强麦期货合约，并参与交割。

本次套利每吨可获无风险收益为 112 元（250–138）~125 元（250–125）。

7.3.3　跨市套利

跨市套利是在不同交易所之间的套利交易行为。当同一期货商品合约在两个或更多的交易所进行交易时，由于区域间的地理差别，各商品合约间存在一定的价差。例如，伦敦金属交易所（LME）与上海期货交易所（SHFE）都进行阴极铜的期货交易，每年两个市场间会出现几次价差超出正常范围的情况，这为交易者的跨市套利提供了机会。例如，当 LME 铜价低于 SHFE 铜价时，交易者可以在买入 LME 铜合约的同时，卖出 SHFE 铜合约，待两个市场价格关系恢复正常时再将买卖合约对冲平仓并从中获利；反之，亦然。在做跨市套利时应注意影响各市场价格差的几个因素，如运费、关税、汇率等。

【例 7-4】在通常情况下，SHFE 与 LME 之间的三个月期铝期货价格的比价关系为 10：1（即当 SHFE 铝价为 15 000 元/吨时，LME 铝价为 1 500 美元/吨），但由于国内氧化铝供应紧张，导致国内铝价出现较大的上扬，铝价上涨至 15 600 元/吨，致使两个市场之间的三个月期铝期货价格的比价关系为 10.4：1。

但是，某金属进口贸易商判断，随着美国铝业公司的氧化铝生产能力的恢复，国内氧化铝供应紧张的局势将会得到缓解，这种比价关系也可能会恢复到正常值。

于是，该金属进口贸易商决定在 LME 以 1 500 美元/吨的价格买入 3 000 吨三个月期铝期货合约，并同时在 SHFE 以 15 600 元/吨的价格卖出 3 000 吨三个月期铝期货合约。一个月以后，两个市场的三个月期铝的价格关系果然出现了缩小的情况，比价仅为 10.2：1（分别为 15 200 元/吨、1 490 美元/吨）。

于是，该金属进出口贸易商决定在 LME 以 1 490 美元/吨的价格卖出平仓 3 000 吨三个月期铝期货合约，并同时在 SHFE 以 15 200 元/吨的价格买入平仓 3 000 吨三个月期铝期货合约，其获利情况如下（不计手续费和财务费用，1 美元兑 8.3 元人民币）：

[（15 600–15 200）–（1 500–1 490）×8.3]×3 000=95.1（万元人民币）

这样该金属进出口贸易商就完成了一个跨市套利的交易过程，这也是跨市套利交易的基本方法。经过这样的交易过程，该金属进出口贸易商共获利 95.1 万元。

7.3.4　跨商品套利

跨商品套利指的是利用两种不同的但相关联商品之间的价差进行交易。这两种商品之间具有相互替代性或受同一供求因素制约。跨商品套利的交易形式是同时买进和卖出相同交割月份但不同种类的商品期货合约，例如有色金属铜、铝之间，油脂类大豆、豆油、豆粕之间，农产品小麦和玉米之间等等。

【例 7-5】由于豆粕是大豆压榨后的附属产品，因此豆粕和大豆在价格走势上具有高度的正相关性。3 月 24 日以后，大连商品交易所豆粕价格暴涨。豆粕 0409 合约价格达到了 3 778 元/吨，大豆 0409 合约价格为 4 000 元/吨，豆粕和大豆的价差缩小至 222 元/吨，远远小于豆粕和大豆的正常价差。投资者认为未来豆粕和大豆的价差会回归正常，因此分别以上述价格卖出豆粕 0409 合约 1 手，买入大豆 0409 合约 1 手，并于 4 月 15 日在豆粒价格3 550元/吨、大豆价格3 900元/吨时平仓。试计算该投资者此次跨商品套利的盈亏（不计其他费用）。

具体操作过程及盈亏情况见表7-3。

表7-3　　　　　　　　大豆、豆粕跨商品套利操作及盈亏情况

日　期	豆粕0409合约	大豆0409合约
3月24日	以3 778元/吨卖出1手	以4 000元/吨买入1手
4月15日	以3 550元/吨平仓买入	以3 900元/吨平仓卖出
	盈利：（3 778-3 550）×10=2 280（元）	亏损：（3 900-4 000）×10=-1 000（元）
本次跨商品套利共盈利=2 280-1 000=1 280（元）		

在实践中，可以通过研究价差走势图（如图7-2所示）来进行跨市套利和跨商品套利。一般当价差超越了正常范围时，就可以考虑进行跨市或跨商品套利。但是也应该注意到，通过价差的历史走势来判断价差是否正常有时是不可靠的，还需要根据市场情况灵活判断。

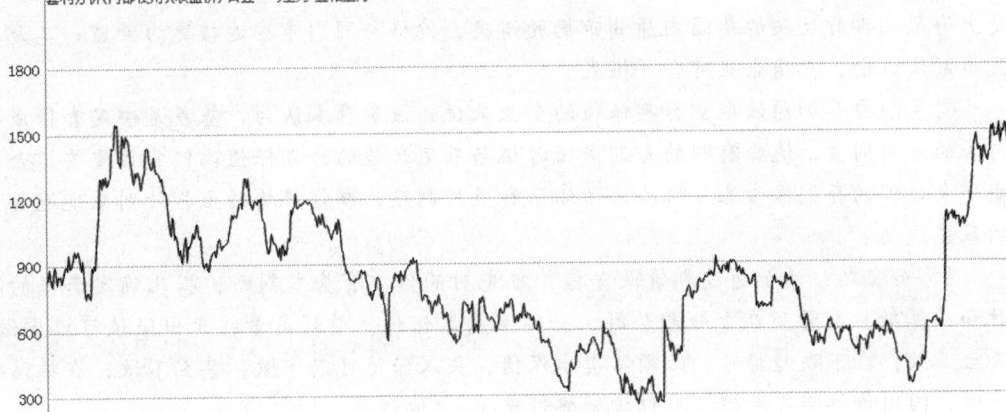

图7-2　大豆与豆粕价差走势图

知识链接 7-1

大豆提油套利

大豆与豆粕、豆油作为原料和成品之间的关系，其价格间的波动趋同性强、关联度高，这为在这三种商品之间进行跨商品套利提供了机会。在一个完全竞争的市场中，一个企业购进原料的价格加上企业的平均加工费用和适当的利润，应当等同于制成品的销售价格，所以原料大豆与两个成品豆粕、豆油间存在着"100%大豆=18.5%豆油+79.5%豆粕+2%损耗"的关系，同时也存在"100%大豆×购进价格+加工费用+利润=18.5%豆油×销售价格+79.5%豆粕×销售价格"的平衡关系。油厂的加工利润为"利润=18.5%豆油×销售价格+79.5%豆粕×销售价格-100%大豆×购进价格-130（加工费用）"（企业的平均加工费用按130元/吨计）。

假定油厂的正常加工利润为200~-200元，可以据此标准进行相应的套利：当预估加工利润超出200元时，可以进行买大豆抛豆粕、豆油的套利操作，一般是，买5份大豆，卖4份豆粕、1份豆油，在利润达到理想范围时平仓，完成套利操作；当预估加工亏损超出200元时，可以进行抛大豆买豆粕、豆油的套利操作，一般是，卖5份大豆，买4份豆粕、1份豆油，在利润达到理想范围时平仓，完成套利操作。

案例分析 7-1

原油期货跨境跨品种套利成焦点

随着国内原油期货上市步伐的临近，如何运用原油期货套保，如何把握国内原油期货与布伦特原油之间的套利机会，成为市场各方关注的重点。

原油期货将成为油企控制价格风险的有力工具

一家在国际原油市场上经营多年的现货企业负责人告诉期货日报记者，价格风险是国内石化企业面临的主要风险之一，国内成品油批发价格每天都会根据原油价格的变动调整。进口油料成交价格与国际原油相关性更高，每1美元/桶的变动，对应国内市场60元/吨的变动。因此，控制价格风险是油企重要的日常工作。

在他看来，上海原油期货上市对于国内产业链企业意义非凡，主要原因有三点：一是上海原油期货反映的是国内原油市场的情况，价格与国内市场连接更为紧密；二是人民币做保证金；三是企业可合并报表。

对于想要参加原油期货套期保值的企业来说，该负责人认为，基差是决定套保成功与否的重要因素，选择有利的套期保值时机与确定合适的套期保值比例非常重要。企业要建立合理的套期保值基差风险评估体系和监控制度，制订严格的止损计划来规避异常的基差波动。

"总而言之，油企通过期货做保值，首先对油价要有基本判断，据此确定套保的品种和计算敞口数量。在上涨趋势时，必须做买入保值，最好足量，卖出保值可以少做，甚至不做；在下跌趋势时，必须做卖出保值，买入保值可以少做，甚至不做；在振荡行情时，国内价格滞涨滞跌，敞口控制格外重要。"他说。

新市场提供更多的交易机会

除了为产业链上的企业提供行之有效的风险管理工具，原油期货的上市也将为投资者提供更多的交易机会。

记者了解到，市场上关注较为广泛的是我国原油期货和布伦特原油之间的套利。目前，地炼厂原油采购进行点价的基准主要是布伦特原油，未来我国原油期货和布伦特原油之间的套利交易将会成为主流。

在银河期货原油部总经理叶念东看来，上海原油期货除了可以与布伦特原油套利外，还可以根据市场情况进行期现结合价差套利以及与DME阿曼原油进行跨市套利，与NYMEX、IPE原油进行跨品种套利。

叶念东称，在国际上，原油期货市场已经相当成熟。期现结合价差套利主要是月间差的交易，如果月间差足够大，去除仓储等成本还有盈余，这将是一种无风险套利的模式。目前在国外，不少大的贸易公司都用这种期货交易的方式降低采购成本。

他举例说，上海原油和阿曼原油的跨市套利方面，DME阿曼原油价格是FOB，上海原油价格是CFR，两者之间主要的差别是运费。从阿曼装港送到中国，需要18～20天。厂商可以结合现货和期货，评判价差和运费，继而制订合适的方案，这也属于无风险套利的一种。

不仅如此，在市场人士看来，原油期货与上期所自有品种沥青之间也存在着裂解价差套利机会，这种沥青裂解价差操作的风险点主要集中在原油和沥青的价差波动。当沥青对上海原油升水高于加工成本时，可以考虑买原油抛沥青套利。如果价差不回归，炼厂可以将原油加工成沥青后再交割沥青，此时获得的收益为沥青对原油升水减去加工成本。

资料来源：张文斐. 原油期货跨境跨品种套利成焦点［N］. 期货日报，2017-07-18.

问题：上述资料提到了几种套利交易？

分析提示：期现套利、跨市套利、跨商品套利。

7.3.5 跨期套利

微课5.

跨期套利交易

与期现套利、跨市套利、跨商品套利相比，跨期套利是套利交易中最普遍的一种，它是利用同一商品在不同交割月份之间正常价格差距出现异常变化时进行对冲而获利的。

通常把交割月份离现在较近的期货合约称为近期合约，把交割月份离现在较远的期货合约称为远期合约。

根据近期合约、远期合约买卖方向的不同，跨期套利可以分为两个最基本的形式：买入近期合约，卖出远期合约，简称买近卖远；卖出近期合约，买入远期合约，简称卖近买远。

1）买近卖远

我们首先来看一看，在什么情形下投资者进行买近卖远跨期套利可以获利。

假设某投资者进行了某期货品种的买近卖远跨期操作，具体过程见表7-4。

表7-4 　　　　　　　　　　　买近卖远跨期操作过程及盈亏情况

日　　期	近期合约	远期合约	价　　差
3月1日	开仓买入，价格f1	开仓卖出，价格f2	B= f1-f2
4月5日	平仓卖出，价格F1	平仓买入，价格F2	B′-F1-F2
	盈亏：F1-f1	盈亏：f2-F2	
总盈亏：（F1-f1）+（f2-F2）=（F1-F2）-（f1-f2）=B′-B			

很显然，在买近卖远跨期套利中，在B′-B>0，即B′>B的情况下，投资者盈利。B′>B也就是在价差走势图上（如图7-3所示）价差呈上升走势，所以买近卖远跨期套利习惯上也称为牛市套利（bull spread）。价差呈上升走势的可能情形如下：

（1）近、远期期货合约价格均上涨，但近期期货合约价格上涨更快。

（2）近、远期期货合约价格均下跌，但近期期货合约价格下降更慢。

（3）近期期货合约价格近似持平，远期期货合约价格下降。

套利分析(内部使用)(收盘价) IF当月连-IF下季连 86.4

图 7-3 沪深 300 股指期货近月合约与远月合约的价差走势图

（4）远期期货合约价格近似持平，近期期货合约价格上涨。

（5）近期期货合约价格上涨，远期期货合约价格下跌。

【例 7-6】4 月 5 日，某投资者发现沪铜 2006 合约的价格为 60 000 元/吨，沪铜 2009 合约的价格为 60 800 元/吨，价差为 800 元/吨。该投资者认为价差较大，存在套利空间，于是分别以上述价格进行买近卖远套利交易。5 月 6 日，投资者分别以 60 500 元/吨、61 000 元/吨的价格平仓 2006 合约和 2009 合约。试分析投资者的盈亏情况。

具体操作过程及盈亏情况见表 7-5。

表 7-5　　　　　　　价差呈上升趋势情况下投资者操作过程及盈亏情况

日　期	沪铜 2006	沪铜 2009	价　差
4 月 5 日	买入，价格 60 000 元/吨	卖出，价格 60 800 元/吨	-800 元/吨
5 月 6 日	平仓，价格 60 500 元/吨	平仓，价格 61 000 元/吨	-500 元/吨
	盈利：500 元/吨	亏损：-200 元/吨	价差缩小 300 元/吨
总盈亏：500-200=300（元/吨）			

其实，本例中的投资者可以直接买入沪铜 2006 合约进行投机性看涨操作，从而获取 500 元/吨的利润，但是风险较跨期套利高。因为如果沪铜 2006 合约没有上涨，而是下跌，将面临亏损风险。而本例中的跨期套利不管近期合约、远期合约价格波动方向如何，只要价差缩小，投资者即可获利，这体现了套利风险较小的特征。这是由同种商品、不同月份的期货合约，其大致价格走向是一致的决定的。也就是说，近期合约的亏损可以从远期合约的盈利得到补偿，远期合约的亏损可以从近期合约的盈利得到补偿。

本例中，即使价差扩大，投资者面临亏损，其损失程度还是要小于投机性交易。

通过本例，我们还发现，价差从 -800 元/吨到 -500 元/吨，变动了 300 元/吨（-500-（-800）），而套利最终每吨盈利 300 元，恰好来自于价差的变动。

【例 7-7】接【例 7-6】，其他条件不变，假设 5 月 6 日投资者以 61 500 元/吨的价格平仓 2009 合约，试分析投资者的盈亏情况。

具体操作过程及盈亏情况见表 7-6。

表 7-6　　　　　　　　价差呈下跌趋势情况下投资者操作过程及盈亏情况

日　　期	沪铜 2006	沪铜 2009	价　　差
4 月 5 日	买入，价格 60 000 元/吨	卖出，价格 60 800 元/吨	−800 元/吨
5 月 6 日	平仓，价格 60 500 元/吨	平仓，价格 61 500 元/吨	−1 000 元/吨
	盈利：500 元/吨	亏损：−700 元/吨	价差扩大 200 元/吨
总盈亏：500−700=−200（元/吨）			

从表 7-6 中可以看出，在价差呈下跌趋势的情况下，该投资者采用买近卖远跨期套利策略时损失 200 元/吨，但是如果投资者采用投机性交易策略，一旦方向判断错误，采用看跌的投机性交易策略，则操作沪铜 0806 损失 500 元/吨，操作沪铜 0809 损失 700元/吨，远远大于跨期套利交易。

本例中，价差从 −800 元/吨到 −1 000 元/吨，价差变动了 −200 元/吨（−1 000−（−800）），而套利最终每吨亏损 200 元，恰好来自于价差的变动。

2）卖近买远

下面再来看一看，在什么情形下投资者进行卖近买远跨期套利可以获利。

假设某投资者进行了某期货品种的卖近买远跨期操作，具体过程见表 7-7。

表 7-7　　　　　　　　卖近买远跨期操作过程及盈亏情况

日　　期	近期合约	远期合约	价　　差
3 月 1 日	开仓卖出，价格 f1	开仓买入，价格 f2	B=f1−f2
4 月 5 日	平仓买入，价格 F1	平仓卖出，价格 F2	B′=F1−F2
	盈亏：f1−F1	盈亏：F2−f2	
总盈亏：（f1−F1）+（F2−f2）=（f1−f2）−（F1−F2）=B−B′			

很显然，在卖近买远跨期套利中，在 B−B′>0，即 B>B′ 的情况下，投资者盈利。B>B′ 也就是在价差走势图上（如图 7-3 所示），价差呈下跌走势，所以卖近买远跨期套利习惯上也称为熊市套利（bear spread）。价差呈下跌走势的可能情形如下：

（1）近、远期期货合约价格均上涨，但远期期货合约价格上涨更快。

（2）近、远期期货合约价格均下跌，但远期期货合约价格下降更慢。

（3）远期期货合约价格近似持平，近期期货合约价格下降。

（4）近期期货合约价格近似持平，远期期货合约价格上涨。

（5）近期期货合约价格下跌，远期期货合约价格上涨。

【例 7-8】4 月 2 日，某投资者发现中金所的 IF2005 合约的价格为 4 100 点，IF2006合约的价格为 4 000 点，价差 100 点。该投资者从 IF05-06 合约价差走势图上发现，100点的价差偏高，价差未来大概率呈下降走势，存在套利空间，于是分别以上述价格进行卖近买远套利交易。4 月 28 日，投资者分别以 4 200 点、4 250 点的价格平仓 IF2005 合约和 IF2006 合约。试分析投资者的盈亏情况。

具体操作过程及盈亏情况见表7-8。

表7-8　　　　　价差呈下跌趋势情形下投资者操作过程及盈亏情况

日　期	IF2005	IF0806	价　差
4月5日	卖出，价格4 100点	买入，价格4 000点	+100点
5月6日	平仓，价格4 200点	平仓，价格4 250点	-50点
	亏损：-100点	盈利：+250点	价差从+100点跌落至-50点
总盈亏	盈利150点		

知识链接 7-2

蝶式套利

蝶式套利是牛市套利和熊市套利的组合，整个套利涉及三个合约：近月合约、远月合约及更远期合约，习惯称为近端、中间、远端。蝶式套利在头寸的布置上，采取1份近端合约：2份中间合约：1份远端合约的方式。其中，近端、远端合约的方向一致，中间合约的方向则和它们相反。例如：（1）买入3手大豆3月合约，卖出6手5月合约，买入3手7月合约；（2）卖出3手大豆3月合约，买入6手5月合约，卖出3手7月合约。可见，蝶式套利是两个跨期套利的结合。显然，在（1）中是牛市套利+熊市套利，在（2）中则是熊市套利+牛市套利。蝶式套利的原理是：套利者认为中间交割月份的期货合约价格与两旁交割月份合约价格之间的相关关系将会出现差异。

案例分析 7-2

黄金投机性多头头寸接近历史高位　警惕黄金期货回调

根据2019年8月27日的消息，美国商品期货交易委员会报告显示，黄金净多头仓位持续暴增，这也是自2016年年中以来，黄金市场的投机性多头头寸第一次达到如此高位。随着金价暴涨，黄金月度图上的超买区域的价格动量指标也高企。

Andrew Hecht是一名有着40年经验的老手交易员，Hecht表示，黄金的波动性一直低于其他大宗商品，也就是说金价的上行路径或者下跌路径相对平坦。然而，近期金价上涨的轨迹一直很陡峭。

金价从4月创下的低位1 266.18美元/盎司，一路拉涨至周一的1 555美元/盎司附近，月均涨幅接近23%。这也意味着，未来金价面临修正的机会更高。而历史经验显示，黄金的修正性回调常是猛烈而短暂的。

Hecht还表示，还有另一个指标也预示着金价可能出现下行修正，那就是如今高企的投机性多头头寸。

美国商品期货交易委员会（CFTC）商品类非商业类持仓报告显示，截至8月20日当周，黄金多头仓位增加6 071手至352 294手，黄金净多头仓位增加9 903手至299 993手。这也是自2016年年中以来，黄金市场的投机性多头头寸第一次达到如此高位。在2016年，由于多头的倒戈，3个月内金价暴挫260美元/盎司。

此外，自金价在2011年升至每盎司1 920.70美元的高位以来，黄金月度图上的超买区域的价格动量指标从未如此高。

Hecht认为，金价上涨趋势明显，但是下跌的理由也不少。实际上，即使在过去4个月的上涨期间，金价也曾出现多次下跌。就在上周，金价还曾跌破1 500美元。因此，一旦时机成熟，金价可能会在一个月内下跌逾154美元，但空头将在每盎司1 377.50美元/盎司附近遭遇强劲阻力。多币种计价的金价已达历史高值，进一步上涨空间有限。

富国银行指出："虽然部分黄金多头表示，与历史高值1 920.8美元/盎司相比，金价还有很大的上涨空间，但是他们没有注意到，若以全球一篮子货币价格计算，金价已经创下了历史新高。不仅如此，多个币种计价的黄金也已创历史新高。也就是说，金价未来的上涨空间可能没有想象中的那么大。因此，我们认为投资者可以在多元化投资组合中持有一些黄金，但是不建议在目前的水平上进场。"

富国银行表示，在回调后，预计今年年底金价将回归1 400～1 500美元的水平。

现在黄金仍处于多头市场，多头们也都在竭尽全力地把金价往1 600美元的关口推进。然而，不少投行和资深交易员纷纷指出，目前市场上虎视眈眈的空头不少，投资者切勿盲目追涨，警惕回调。

资料来源：佚名. 黄金投机性多头头寸接近历史高位　警惕黄金期货回调 [EB/OL].［2019-08-27］. http://www.dyhjw.com/gold/20190827-29909.html.

问题：根据上述材料，分析期货市场价格短期大幅波动的原因。

分析提示：期货市场是个高度投机的市场。

知识掌握

7.1　什么是投机交易？投机交易的两个基本类型是什么？

7.2　什么是基差？什么是价差？

7.3　什么是套利交易？套利交易有哪些类型？

7.4　什么是跨期套利？

7.5　什么是牛市套利？什么是熊市套利？

知识应用

□ 案例分析

套利机会已出现：买纽约金，卖上海金

当前，市场焦点从新冠肺炎疫情转向各国放宽封锁和经济复苏，市场风险偏好回升，风险溢价下降使得风险资产价格反弹，而安全类资产价格出现回落。目前，越来越多的经济体重新开放经济活动，且不断有迹象显示疫情最糟糕的时期可能已经过去，从前期黄金上涨的逻辑来看，除了美元实际利率下行之外，市场风险溢价攀升带来的避险需求也是一个重要的驱动力。

市场关注点可能更多在经济重启。近半个月以来，全球商业航班数量约3.4万架次/日，回升至疫情前正常水平的32%，较前值仅小幅提高3个百分点，显示各国航空管制仍较

为严格。近半个月，欧洲的伦敦、巴黎、罗马等城市的交通拥堵指数已修复至去年平均水平的三成以上，美国的纽约、洛杉矶也达到去年的二至三成，显示欧美各国解封后，市内交通迅速恢复。据此推断，欧美各国整体复工率可能达到了三成左右。

尽管包括美国在内的经济体存在因复工而导致疫情二次暴发的风险，但是全球主要经济体前所未有的货币宽松和财政政策救济，使得市场风险溢价下降，包括美国股市、大宗商品价格如铜和原油都出现反弹，而避险类资产黄金和各国国债价格都出现了回调趋势。笔者认为，短期经济反弹的逻辑主导市场风格切换，避险资产暂时处于调整中。

从中期来看，笔者认为疫情导致债务违约、企业部门去杠杆下的信用收缩都将制约经济反弹的空间，且鉴于货币流动性反弹驱动的风险类资产如欧美股市和部分商品反弹已经脱离了经济增长的基本面，从而使得未来风险资产调整的风险会很大，黄金短期回撤并不改变中期上涨的趋势。

一方面，美元实际利率处于负值的情况可能在未来几个月很难改变。美联储公布4月会议纪要，重申维持利率接近零的立场。委员会成员们预计将维持当前的利率目标区间，直到他们确信经济已经经受住了近期事件的冲击，并走上了实现美联储目标的轨道。美联储仍准备按需调整购买计划，以支持证券市场平稳运作。

美联储在会议纪要中还提到，需要特别关注的一点是新冠肺炎疫情可能在今年晚些时候存在二次暴发的风险。这意味着美元名义利率在长时间保持在零附近，而通货膨胀预期短期也会处于低位，使得美元实际利率尽管刺激黄金价格上涨的力度减弱，但不会演变为对黄金价格的打压。截至2020年5月21日，衡量美元实际利率的10年期通货膨胀指数国债（TIPS）收益率为-0.46%，去年同期为0.6%。

另一方面，美股等风险资产反弹后估值过高，和经济增长的基本面脱节。在过去8周时间里，美国失业人数增长了3 800万人，2020—2021年全球GDP预估损失可能高达10万亿美元，然而，全球股市市值却在同期增长了近15万亿美元，与此同时，美国5月复工率仅三成。显然，股市大涨背后是美联储4万亿美元资产的功劳。此外，罗素2000指数是反映美国经济最全面的指标，罗素2000指数更加多元化，科技行业仅占13.5%。而美股反弹后，科技股市值占比过高，其中标普500指数中科技股市值占比达到21%，这意味着美股稳定性大幅下降，一旦疫情出现反复，科技股大跌可能引发美股全线崩溃。

从黄金目前的走势来看，实际利率持续处于负值带来的提振钝化，但是由于美债长短端利率扩大使得金银比价面临较大幅度回调的压力。由于经济目前依旧处于衰退阶段，尽管环比出现一定程度的反弹，白银工业属性更强导致白银价格随着复工复产而有所反弹，但是从中期来看，白银工业需求反弹高度有限，制约了金银比价回撤的空间。

从交易策略来看，此前人民币对美元汇率轻微贬值，使得以人民币计价的黄金价格涨幅高于以美元计价的黄金。而随着国内投资者对黄金投资需求的攀升，COMEX也推出了以上海黄金现货为标的的黄金期货：其中一份合约的报价为每盎司美元（SGU期货），而另一份合约的报价为每克人民币（SGC期货）。鉴于美元未来走弱的预期，以美元计价的黄金价格和以人民币计价的黄金价格比价会回升，投资者可以买入COMEX以美元计价的上海金期货和卖出COMEX以人民币计价的上海金期货捕捉价差修复的交易机会。

资料来源：佚名. 套利机会已出现：买纽约金，卖上海金［N］. 期货日报，2020-05-28.

问题：根据上述资料，分析买入美元计价的黄金期货、卖出人民币计价的黄金期货的原因。

分析提示：预期美元贬值、人民币升值，在其他条件相同的情形下，美元贬值导致以美元计价的黄金期货价格上涨。

□ 实践训练

利用上海期货交易所不同月份的铜期货合约进行跨期套利。

要求：

①选取上海期货交易所铜期货的某一近月合约、某一远月合约。

②做出二者之间的历史价差走势图。

③根据价差走势图判断目前这两份合约之间有无跨期套利空间。如有，进行一次跨期套利操作，并考察盈利的大小。

第8章 套期保值

学习目标

　　在学习完本章之后，你应该能够：了解套期保值的概念和原理；掌握套期保值的两种类型；了解基差变动对套期保值的影响。

引 例

两家A股上市公司拟开展期货套期保值业务

　　日前，两家A股上市公司相继发布了开展期货套期保值业务的公告。

　　伯特利2020年2月19日发布公告称，公司生产所需的原材料主要是钢材及铝材，为避免原材料价格波动带来的影响，公司及子公司拟开展原材料期货套期保值业务。公司及子公司拟开展的期货套期保值业务仅限于上期所交易的铝材期货品种。根据原材料需求测算，公司拟对累计12个月内不超过45 000吨铝材进行期货套期保值，期货保证金金额不超过1 500万元。

　　2月18日，亚士创能发布公告称，公司主营业务产品为建筑涂料、建筑保温材料的主要原材料乳液、聚苯乙烯颗粒，其价格走势与上游原材料苯乙烯大宗商品价格高度关联。基于公司对宏观经济、终端市场、原材料价格趋势的判断，为降低苯乙烯现货市场价格波动带来的不可控风险，公司将择机开展苯乙烯期货套期保值业务。公司套期保值交易实施主体为公司全资子公司亚士漆（上海）有限公司。交易数量参考公司所需的原材料乳液、聚苯乙烯颗粒的采购需求，以及与苯乙烯之间的吨位换算关系，任一时点持仓合约合计数量不超过4万吨。保证金最高余额合计不超过5 000万元。

　　资料来源：张文斐. 两家A股上市公司拟开展期货套期保值业务［N］. 期货日报，2020-02-21.

　　这一案例表明：企业可以利用期货市场开展套期保值业务，来规避现货价格风险，从而稳定企业的生产经营。

8.1　套期保值概述

8.1.1　套期保值的概念

　　套期保值是把期货市场当作转移价格风险的场所，利用期货合约作为将来在现货市场上买卖商品的临时替代物，对其以后需要售出的商品或对将来需要买进的商品的价格进行锁定的交易活动。

套期保值就是利用期货来对冲现货价格的风险，从而锁定现货价格。具体来说，当我们以后要买入现货，因为担心现货价格上涨，这时我们可以先开仓买入与现货数量相等的期货，这样当以后实际买入现货时，如果现货价格涨了，由于期货现货价格波动基本一致，现货涨则期货也涨，因此我们先前开仓买入的期货盈利了，这时平仓卖出期货、买入现货，用期货的盈利可以对冲现货价格上涨造成的损失；反过来，当我们以后要卖出现货，因为担心现货价格下跌，这时我们可以先开仓卖出与现货数量相等的期货，这样当以后实际卖出现货时，如果现货价格跌了，由于期货现货价格波动基本一致，现货跌则期货也跌，因此我们先前开仓卖出的期货盈利了，这时平仓买入期货、卖出现货，就可以用期货的盈利对冲现货价格下跌造成的损失。

期货市场的基本经济功能之一，就是为现货企业提供价格风险管理的市场机制，而要达到这个目的，最常用的手段就是进行套期保值交易。进行套期保值交易的主要目的就是要把生产经营者的价格风险转移给期货投机者。

8.1.2 套期保值的原理

套期保值之所以能够规避价格风险，其基本原理在于：

首先，在期货交易过程中，期货价格和现货价格尽管在变动幅度上可能不一致，但变动的趋势基本一致，这是由期货和现货的关系决定的。这点非常重要，如果期货现货价格变动的趋势不一致，没有规律可言，则套期保值无法进行。正是因为期货现货价格变动趋势基本一致，我们才可以用期货的盈利来对冲现货损失，从而实现所谓的给予现货进行保值。图8-1描述了期货和现货价格之间的关系。

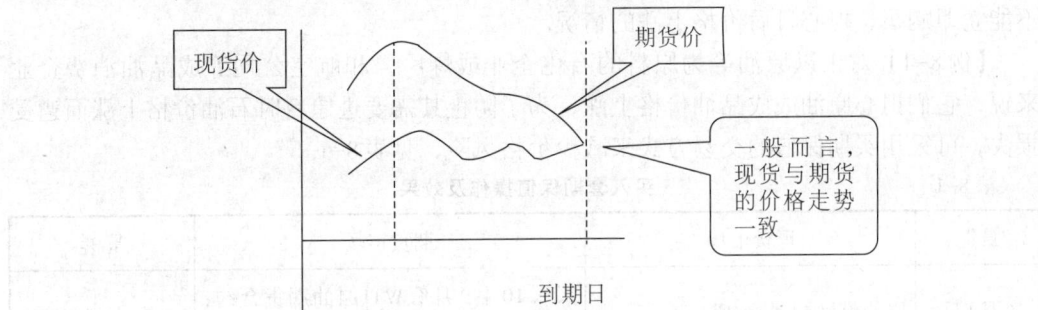

图8-1 期货价格和现货价格随到期日临近之间的关系

其次，期货合约到期必须进行现货交割的规定，使现货价格与期货价格具有收敛性，即当期货合约临近到期日时，两者价格的差异接近零，否则就有套利的机会（到交割时，如果期货价格和现货价格不同，如期货价格高于现货价格，就会有套利者买入低价现货，卖出高价期货，在无风险的情况下实现盈利，这种套利使得期货价格和现货价格趋于一致）。这一点也非常重要，套期保值就是用期货的盈利来对冲现货损失，这就要求期货和现货的价格不要偏离太多，否则不可能实现用期货的盈利来对冲现货损失，这样套期保值也就失去了应有的意义。

当然，期货市场并不等同于现货市场，它还会受到一些其他因素的影响，因而期货价格波动频率和波动幅度不一定与现货价格完全一致，比如期货市场上有特定的交割品质要求，还有交割地点的差异，而且两个市场的参与者结构和操作规模也不尽相同等。这就意味着，套期保值者在实际操作时，很少会实现正好用期货的盈利来对冲现货的损失，在进行套期保值时有可能获得额外利润，也有可能产生额外亏损。

8.1.3 套期保值的类型

按照在期货市场上买卖方向的不同，套期保值又分为买入套期保值和卖出套期保值。

1）买入套期保值（买期保值）

买入套期保值是指交易者先在期货市场买入期货，以便将来在现货市场买进现货时不致因价格上涨而给自己造成经济损失的一种套期保值方式。

微课6

买入套期保值

如果一位现货商需要铜，将来要购买铜，为了回避价格风险，他可以在期货市场上买入套期保值。买入套期保值为那些想在未来某时期购买某种商品，而又想避开这中间可能出现的价格上涨的现货商所采用。如果价格上涨，他将在现货市场上为购买该商品支付更多的资金。但同时，期货市场上"买入套期保值头寸"的建立，使得期货市场上的盈利抵消了现货市场中的损失。

买入套期保值适用于企业的以下情况：

第一，加工制造企业为了防止日后购进原材料时价格上涨的情况；

第二，供货方已经跟需求方签订好现货供应合同，将来交货，但供货方尚未购进货源，担心日后价格上涨的情况；

第三，需求方认为目前的现货市场的价格很合适，但由于资金短缺或无仓库等原因不能立即购买，担心日后价格上涨的情况。

【例8-1】对于以原油等为原料的石化企业或炼厂，和航空公司等成品油消费企业来说，它们担心原油或成品油价格上涨，为了防止其需要进原料时石油价格上涨而遭受损失，可采用买期保值的交易方式来减少价格风险，见表8-1。

表8-1　　　　　　　　买入套期保值操作及效果

日期	现货市场	期货市场	基差
6月1日	原油价格54美元/桶	买入10手9月份WTI原油期货合约：价格56美元/桶	-2美元/桶
9月1日	买入10 000桶原油：价格58美元/桶	卖出10手9月份WTI原油期货合约：价格60美元/桶	-2美元/桶
套保结果	亏损4美元/桶	盈利4美元/桶	
	净盈利0		

在该例中，6月1日现货原油价格为54美元/桶，企业认为54美元/桶的原油价格对企业是合适的，可以接受。但是企业并不是现在买入现货原油，而是预计在3个月后的9月1日买入10 000桶现货原油。企业担心以后原油价格上涨，因此在6月1日做买入套期保值，即买入10手（10 000桶）9月份WTI原油期货，价格56美元/桶。到了9月1

日，现货原油真的涨了，涨到58美元/桶，这时企业购入现货原油，每桶要比6月1日多支付了4美元，但是期货原油也涨了，企业这时平仓期货，从期货上每桶可以盈利4美元，恰好用期货原油的盈利弥补了购买现货原油价格上涨的4美元，因此企业实际原油的成本还是54美元/桶，而这恰好是6月1日现货原油的价格，也就是说企业将未来购买原油的成本锁定在了6月1日，后面价格上涨对企业已经没有影响了，这就是所谓的利用套期保值规避价格风险。但是这里一定要注意，6月1日现货原油54美元/桶对企业来说是合适的，企业按这个价格购入现货原油来组织生产是有利可图的，否则不能进行套期保值，如果套期保值了，则企业将价格锁定在一个自己不能接受的现货价格，那反而没有必要。

在该例中，9月1日现货原油和期货原油价格都上涨了，企业通过套期保值锁定了较低的现货原油价格，套期保值是有利的，那么如果后来现货原油和期货原油价格都下跌了呢？具体分析见表8-2。

表8-2 　　　　　　　　　　　　　　　　　买入套期保值操作效果

日期	现货市场	期货市场	基差
6月1日	原油价格54美元/桶	买入10手9月份WTI原油期货合约：价格52美元/桶	-2美元/桶
9月1日	买入10 000桶原油：价格50美元/桶	卖出10手9月份WTI原油期货合约：价格48美元/桶	-2美元/桶
套保结果	盈利4美元/桶	亏损4美元/桶	
	净盈利0		

从表8-2分析结果来看，到了9月1日，现货原油和期货原油的价格都下跌了。9月1日，企业买入现货原油，此时现货原油价格下跌到50美元/桶，因此，企业在购买现货原油时成本少了4美元/桶，但是期货原油价格下跌，所以期货上亏损了4美元/桶，而期货上亏损的4美元/桶也恰好抵销了现货原油少支出的4美元/桶，也就是说，企业购买现货原油的成本还是54美元/桶，也就是6月1日套期保值开始时的现货原油价格。这样的情况，很显然企业做了套期保值以后，失去了以后原油价格下跌带来的好处了。

通过这个案例，我们知道只要做了套期保值，以后价格涨跌其实和企业已经没有关系了，都是锁定在6月1日的现货价格，实现了规避现货价格波动风险的目的。

2）卖出套期保值（卖期保值）

卖出套期保值是指交易者先在期货市场卖出期货，当现货价格下跌时以期货市场的盈利来弥补现货市场的损失，从而达到保值目的的一种套期保值方式。卖出套期保值主要适用于拥有商品的生产商或贸易商，他们担心商品价格下跌使自己遭受损失。

如果一位现货商在现货市场中拥有铜，他可以通过在期货市场上开仓卖出等量的铜合约来套期保值。卖出套期保值能使现货商锁定利润。在商品持有期，如果铜价格下降，铜持有者将在现货市场中亏钱。可是，当他在期货市场开仓卖出铜期货合约时，他就可以从期货价格下跌中获利，从而弥补现货市场的损失。盈利和损失相互抵销使该现货商所持有的商品的净价格与商品原有价值非常接近。

卖出套期保值适用于企业的以下情况:

第一,厂家有库存或将收获农产品的农场担心日后出售时价格下跌;

第二,储运商、贸易商有库存现货尚未出售,担心日后出售时价格下跌;

第三,加工制造企业担心库存原料价格下跌。

【例8-2】向市场提供原油的产油商和提供成品油的炼厂,作为社会商品的供应者,为了保证其已经生产出来准备提供给市场或尚在生产过程中将来要向市场出售的商品的合理经济利润,以防止正式出售时价格下跌而遭受损失,见表8-3。

表8-3　　　　　　　　　　　　　　　卖出套期保值操作及效果

日期	现货市场	期货市场	基差
7月1日	原油价格54美元/桶	卖出10手9月份WTI原油合约:价格56美元/桶	-2美元/桶
8月1日	卖出10 000桶原油:价格50美元/桶	买入10手9月份WTI原油合约:价格52美元/桶	-2美元/桶
套保结果	亏损4美元/桶	盈利4美元/桶	
	净盈利0		

在该例中,7月1日现货原油价格为54美元/桶,企业认为以54美元/桶卖出原油可以接受。但是企业并不是现在卖出现货原油,而是在1个月后的8月1日卖出10 000桶现货原油。企业担心以后原油价格下跌,因此在7月1日做卖出套期保值,即开仓卖出10手(10 000桶)9月份WTI原油期货,价格56美元/桶。到了8月1日,现货原油真的跌了,跌至50美元/桶,这时企业卖出现货原油,每桶要比6月1日少赚4美元,但是期货原油也跌了,企业这时平仓期货,从期货上每桶可以盈利4美元,恰好用期货原油的盈利弥补了卖出现货原油价格下跌的4美元,因此企业实际原油的成本还是54美元/桶,而这恰好是6月1日现货原油的价格,从而实现了锁定价格的目标。

8.1.4　套期保值需遵循的原则

套期保值需遵循四大基本原则:

第一,数量相等原则,即合约代表的标的资产数量与需保值资产数量相等,如100吨铜在上海期货交易所需用20手铜合约保值(5吨/手)。

第二,方向相反原则,即现货市场交易方向应与期货市场交易方向相反,如贸易商购入现货时应平仓卖出期货合约,而出售现货时应平仓买入期货合约。

第三,品种相同原则,即期货合约代表的标的资产与需保值的资产的品种、质量、规格等相同,例如对铜保值应使用铜期货。

第四,时间相同原则,即期货交易应与现货交易同步,在现货交易开始时建立期货部位,而现货交易结束的同时,将期货部位平仓。

8.1.5　套期保值的避险程度

实践证明,套期保值为现货商提供了理想的价格保护,但实际生活中,这种保护并不一定是十全十美的。许多因素经常会影响到套期保值的效果。

套期保值的避险程度，或者说保值效果，依情况的不同大致有以下三种情况：

第一，以期货市场上的盈利弥补现货市场上的亏损，实现持平保值；

第二，期货市场上的盈利不足以弥补现货市场上的亏损，实现减亏保值；

第三，期货市场上的盈利弥补现货市场上的亏损有余，实现有盈保值。

从理论上讲，持平保值是一种完美的保值状态，但它在现实中却很少存在。那么，现实中保值不完全的原因在哪里呢？一般来说，影响保值效果的原因主要有以下几个：

1）时间差异的影响

这有两个方面的含义：

第一，对一个品种进行保值时，往往有若干不同月份的期货合约可供选择，保值效果随选择月份的不同而有所差异。根据套期保值的两个实现条件，选择与未来现货交易时间同一月份的期货合约保值较易达到完美的保值效果，如在3月份签订了6月份交货的合同，最好选6月份的期货合约保值。但在实际操作中，考虑到市场流动性等因素，交易者往往会选择其他月份的合约，如7月份的合约、8月份的合约等。

第二，期货价格与现货价格的波幅经常不一致，不同时点两种价格的基差不同，特别是对于具有明显生产周期的商品来说，季节性供求关系变动对两个市场的影响程度不一样。

因此，如何恰当地选择期货合约的月份，也是提高保值效果的重要因素。

2）地点差异的影响

同种商品在不同地区的现货交易价格并不相同。同一商品在交易所的不同地区的定点注册仓库的价格也并不相同。交易所会根据实际情况制定合理的升贴水标准，以反映不同地点间的运输成本。在以上两种情况下，地点差异可能会严重影响保值效果。

3）品质规格差异的影响

有时现货商需保值的品种与标准化合约标的物有差异，其价格波动幅度就不完全一致。

4）数量差异的影响

标准化合约的交易单位的标准化决定了期货市场上的交易数量必须是交易单位的整数倍，而现货交易的数量却不受限制。沪铜合约每手为5吨，如果实际需要保值的现货量为8吨，那么无论是做1手还是做2手都无法与现货量相一致。

学思践悟 8-1

结合"三个走进"宣讲贯彻党的二十大精神推动"保险+期货"项目取得更大实效

为深入贯彻党的二十大报告关于全面推进乡村振兴、健全种粮农民收益保障机制、健全农村金融服务体系的精神，按照证监会党委"三个走进"宣讲要求和局党委工作安排，日前大连证监局党委成员带队，赴大连普兰店、庄河等区（市）宣讲党的二十大精神，就生猪养殖类价格险、大豆收入险两个专项项目实施情况进行调研走访，努力推动"保险+期货"项目取得更大实效。

调研人员走进农村，深入田间，服务到户，深入了解当地种养殖户的基本情况、困难需求与风险管理难题。调研团队就深入贯彻党的二十大精神、改进项目运作模式、强化预期实现效果、克服项目实际困难以及研究提出工作建议等，分别举行座谈会，与相关参与方深入交流。

党委委员、副局长张良同志敦促相关各方要深入贯彻党的二十大精神，落实金融服务实体经济、助力乡村振兴等工作要求，密切跟进后续事宜，努力克服农村干部金融意识不强、农户缴纳保费意愿不足、地方政府财力紧张等诸多困难，积极推进项目落地实施，切实解决农户"急难忧盼"问题，助力大连农业产业高质量发展。

在大连市证监局持续引导下，近年来，大连市辖区期货经营机构积极参与"保险+期货"项目。2021年以来，辖区共有12家机构牵头或参与在大连开展的"保险+期货"项目。其中，立项21个、结项15个，覆盖品种5个、县域5个、合作社10个，惠及农户5.89万户，承保现货量10.6万吨，投保存栏量11.11万头，保单金额合计6.43亿元，期货端赔付362.24万元，服务"三农"效果显著，产生了良好的社会效应。

下一步，大连市证监局将深入学习贯彻党的二十大精神，进一步强化与有关部门的沟通协调，积极推进"保险+期货"项目落地实施，引导辖区机构充分利用大连商品交易所的项目支持政策，并不断优化完善"保险+期货"模式，以"保险+期货"模式增强农产品生产经营效果，以专业优势助力农户稳收增益，持续提升服务的深度、广度、精度和温度，加大辖区期货市场服务实体经济力度，为农业高质量发展保"价"护航。

资料来源：佚名. 结合"三个走进"宣讲贯彻党的二十大精神推动"保险+期货"项目取得更大实效［EB/OL］.［2023-01-04］. http://www.csrc.gov.cn/dalian/c101569/c6952108/content.shtml.

8.2　基差变动对套期保值的影响

8.2.1　基差变动

在套期保值中，基差的计算公式为：

基差=计划进行套期保值资产的现货价格－所使用合约的期货价格

如果要进行套期保值的资产与期货合约的标的资产一致，在期货合约到期日基差应为零。在到期日之前，基差可正可负。若画出基差图，我们会发现基差是不断波动的，由于基差是现货价格与期货价格之差，故其变化幅度要比现货价格本身的变动幅度小得多。基差的变化有基差走强和基差走弱两种趋势。

1）基差走强

基差走强，也就是从基差走势图（如图8-2所示）上观察，基差呈上升趋势。

基差走强有三种情况：

（1）基差负值缩小（图上的A走到B）；

（2）基差由负变正（图上的B走到C）；

（3）基差正值增大（图上的C走到D）。

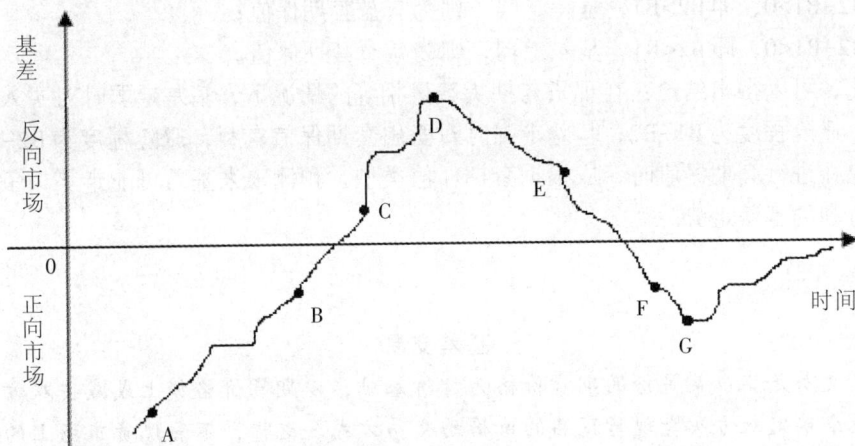

图8-2 基差走势图

2）基差走弱

基差走弱，也就是从基差走势图（如图8-2所示）上观察，基差呈下降趋势。

基差变弱也有三种情况：

（1）基差正值变小（图上的D走到E）；

（2）基差由正变负（图上的E走到F）；

（3）基差负值增大（图上的F走到G）。

8.2.2 基差变化对套期保值的影响

为了讨论基差变化对套期保值的影响程度，假定套期保值情形见表8-4，即保值者在时间T1时入市开仓建立第一个期货部位，此时现货价、期货价分别为S1、F1；保值者在T2时平仓，此时现货价、期货价分别为S2、F2，T1、T2时刻的基差分别为B1、B2。

表8-4 基差变化对套期保值的影响

时间	基差	现货市场	期货市场
T1（入市开仓）	B1	S1	F1
T2（平仓出市）	B2	S2	F2

对于买入套期保值者而言，避险程度为：

$(F2-F1) + (S1-S2) = (S1-F1) - (S2-F2) = B1-B2$

因此：

若B1-B2=0，即B1=B2，基差不变，则为持平套期保值；

若B1-B2>0，即B1>B2，基差走弱，则为有盈套期保值；

若B1-B2<0，即B1<B2，基差走强，则为减亏套期保值。

对于卖出套期保值者而言，避险程度为：

$(F1-F2) + (S2-S1) = (S2-F2) - (S1-F1) = B2-B1$

因此：

若B2-B1=0，即B2=B1，基差不变，则为持平套期保值；

若 B2-B1>0，即 B2>B1，基差走强，则为有盈套期保值；

若 B2-B1<0，即 B2<B1，基差走弱，则为减亏套期保值。

由此，可以得出结论：在现货与期货数量相等的情况下，基差走弱时对买入套期保值有利，避险程度为 B1-B2；基差走强时对卖出套期保值有利，避险程度为 B2-B1。因此，企业在进行套期保值时，应根据套期保值类型，预测未来基差可能走势，争取一个对自己有利的基差走势。

知识链接 8-1

基差交易

基差交易是指以某月份的期货价格为计价基础，以期货价格加上或减去双方协商同意的基差来确定双方买卖现货商品的价格的交易方式。这样，不管现货市场上的实际价格是多少，只要套期保值者与现货交易的对方协商得到的基差，正好等于开始做套期保值时的基差，就能实现完全套期保值，取得完全的保值效果。如果套期保值者能争取到一个更有利的基差，套期保值交易就能盈利。

基差交易的实质，是套期保值者通过基差交易，将套期保值者面临的基差风险通过协议基差的方式转移给现货交易中的对手，套期保值者通过基差交易可以达到完全的或盈利的保值目的。

【例8-3】用糖企业的减亏套期保值

2017年5月9日，某用糖企业需要白糖，担心价格会继续上涨。如果在现货市场买进，既没有那么多钱，也没有足够的库容。这时该用糖企业决定用少量资金通过期货市场对需要购进的白糖进行买期保值。

解：该用糖企业的减亏套期保值操作过程及效果见表8-5。

表8-5　　　　　　　　　　该用糖企业的减亏套期保值操作过程及效果

	白糖现货价格	白糖期货价格	基差
2017年5月9日	6 860元/吨，用糖企业需要现货	买入SR117期货合约，价格为6 930元/吨	-70元/吨
2017年6月10日	7 300元/吨	期货价格为7 330元/吨，平仓	-30元/吨
结果	现货买价提高440元/吨	期货赚400元/吨	基差走强
	实际成本6 900元/吨，比当初想要锁定的价格6 860元/吨提高了40元/吨	—	

【例8-4】制糖企业的有盈套期保值

假定2019年6月1日，某制糖企业库存有白糖，担心价格下跌。如果在现货市场卖出，一下子也卖不完，况且，价格天天下跌，在买涨不买跌的心理作用下，也很难找到合适的买家。这时该企业考虑通过期货市场对这批货物进行卖期保值。当时的现货价格为7 000元/吨，SR119期货价格为6 980元/吨。

解：该制糖企业的有盈套期保值操作过程及效果见表8-6。

表8-6　　　　　　　制糖企业的有盈套期保值操作过程及效果

	白糖现货价格	白糖期货价格	基差
2019年6月1日	7 000元/吨，库存现货	卖出SR119合约，价格6 980元/吨	20元/吨
2019年8月2日	6 200元/吨	期货价格6 150元/吨，平仓	50元/吨
结果	现货少卖800元/吨	期货赚830元/吨	基差走强
	实际卖价7 030元/吨，比当初想要锁定的价格7 000元/吨提高了30元/吨	—	

案例分析 8-1

秦安股份4个月赚7亿元，期货"套保"是咋回事？

看似离人们生活很远的期货，近期却频频"露脸"。2020年8月25日晚间，秦安股份今年第18次披露平仓收益，短短4个月的时间，这家公司董事长带队炒期货，已经赚了逾7亿元。这么多钱是怎么赚到的？公司号称的"套期保值"究竟是怎么回事？其实，不少制造业企业会为了对冲原材料风险而进行一定的套期保值操作。

重庆上市公司秦安股份近日成了A股市场的"期神"。这家主营汽车零部件的公司，这两年主业萎靡，今年却通过炒期货获利颇丰。

8月25日晚间，公司再度披露平仓收益，获利1 429.33万元。此前一天和8月22日，公司分别披露平仓收益1 593.33万元和1.08亿元。在此之前，公司今年已经15次披露平仓收益，均为正收益，共盈利5.85亿元，是公司去年净利润的近5倍。仅仅4个月的时间，该公司炒期货收益已经超过7亿元。

8月18日，公司发布半年度业绩预赢公告，预计上半年业绩扭亏，净利润为2.45亿元到2.55亿元。这主要归功于期货平仓净收益2.54亿元，卖出对公黄金积存收益936万元以及政府补贴增加3 131万元。扣除非经常性损益后，净利润预计仅为100万元到150万元。

根据此前公告，公司设立了期货管理小组，由63岁的实际控制人、董事长唐远明带队操盘。唐远明毕业于北京理工大学力学工程系，并无证券期货专业投资背景，其小组一干成员同样如此。他们为何能做到如此收益？

尽管并未详细披露操盘详情，但根据公司公告中提及的对原材料铝进行套期保值，业内人士猜测，秦安股份应该是操作铝期货得以大赚。2019年，公司原材料铝的采购额占产品制造成本的21.34%，预计2020年铝采购量将继续增加。

南京一位资深期货业人士对现代快报记者表示，铝价格主要受工业需求影响，今年年初，受疫情影响，很多工厂无法开工，需求下降导致铝价大幅下跌，再加上原油价格暴跌对大宗商品市场的影响，铝期货短时间内跌幅惊人。但4月份以来，随着复工推进，需求增加，加上黄金等贵金属暴涨，铝期货也迎来单边上涨行情。该人士推测，作为主要原材料，秦安股份的操盘团队长期关注现货铝价，对市场变化应该比较敏感，所以准确预测了4月份以来铝价的反弹行情。

记者注意到，沪铝主力合约从今年4月2日的低点11 225元涨到8月21日最高的14 985元，涨幅达到33.5%。

秦安股份的操作还算套期保值吗？上述期货业人士表示，通常来说，企业进行工业品套期保值，一般是手头有一定的库存，怕价格下跌，同时通过期货市场做空，如果手头没有库存，而预计将来要进行一定量的采购，怕价格上涨，同时进行期货操作，这种叫"虚拟库存"，也可以算是套期保值的一种。

上市公司进行套期保值的操作历来不少，今年仅近一段时间，就有盛达资源、云天化、万丰奥威、广州浪奇等公司先后公告进行套期保值业务。不过，并不是所有套期保值都能像秦安股份这么赚钱的。孚日股份7月16日就公告称，公司在开展棉花期货合约套期保值过程中，损失约2.74亿元。

资料来源：谷伟. 秦安股份4个月赚7亿元，期货"套保"是咋回事？[N]. 现代快报，2020-08-25.

问题：根据上述材料，分析秦安股份套期保值盈利的原因。

分析提示：做沪铝买入套期保值，恰好期间沪铝价格大幅上涨。

知识掌握

8.1　什么是套期保值？套期保值的原理是什么？

8.2　什么是买入套期保值？什么是卖出套期保值？

8.3　套期保值需遵循的原则是什么？

8.4　什么是基差走强？什么是基差走弱？

8.5　对于买入套期保值者来说，如何实现有盈套期保值？

8.6　对于卖出套期保值者来说，如何实现有盈套期保值？

知识应用

□ 案例分析

上市公司入市套保　商品套保成常态　外汇套保激增

今年以来，多类资产价格大幅波动，利用衍生品保值增值成为不少上市公司的重要选择。随着业绩预告、半年报陆续发布，上市公司上半年套保情况浮出水面：商品套保成常态，外汇套保需求激增。

喜忧参半

今年以来，大宗商品价格宽幅波动对企业经营及盈利带来压力。截至目前发布的上半年业绩预告中，"商品价格波动"成为不少公司业绩波动的主要原因之一。

利用期货期权等衍生品工具对冲经营风险，通常又被称为套期保值。据中国证券报记者不完全统计，截至2020年7月30日，本年共有315家上市公司发布带有"衍生品"字眼的公告，涉及商品衍生品、纸货投资品、外汇衍生品多个类别，其中仅上半年就有20多家公司发布公告称，拟入市开展套期保值业务。

从涉及品种来看，上述公司套保业务涉及国内贵金属、有色金属、黑色金属、能源化工、农产品等领域约40个品种，覆盖了国内期货市场大多数标的，如金莱特、云天化、中金岭南、云南铜业、鞍钢股份、圣农发展等数十家公司已经是"老面孔"，期货套保已经成为常态。

外汇衍生品交易需求激增，今年以来315家上市公司发布带有"衍生品"字眼的报告中，"外汇衍生品"相关报告就有76篇，涉及隆平高科、英飞特、博迈科、建发股份、茂硕电源、金田铜业等公司。

从套保目的看，规避大宗商品价格波动风险、提高盈利能力是多数公司开展商品衍生品业务的初衷。卫星石化7月30日发布公告称，公司已建成以丙烷（LPG）为原材料的C3产业链，其中原材料丙烷（LPG）主要通过进口采购。在丙烷价格波动过程中会面临船期变化、下游需求变化等影响，不可避免地存在现货敞口风险，为有效降低商品现货市场价格波动带来的经营风险，提高企业经营水平和抗风险能力，公司及子公司拟在2020年度开展商品衍生品交易。

久日新材5月份发布公告称，为实现以规避风险为目的的资产保值，降低汇率波动对公司的影响，公司拟开展的金融衍生品套期保值业务包括外币远期结售汇、外汇期权、利率互换等业务。

从套保结果来看，今年上市公司套保成绩有喜有忧。今年1月份，百隆东方发布公告称，其持有的棉花期货持仓合约浮亏7 100多万元；4月份，远大控股公告称公司进行的衍生品交易累计亏损金额约1 360万元。数据显示，今年以来，泰安股份共发布六次获得投资收益的公告，公司对前期建仓的期货投资合约进行部分平仓的收益额累计逾1.5亿元，超过去年全年净利润额1.18亿元。

衍生品避险

"随着全球化贸易持续深化，整个商品定价体系围绕期货市场定价体系进行。原油、金属、化工品等期货商品价格波动频繁且剧烈，对企业的影响与日俱增。对于原料价格成本占比偏高的企业来说，套期保值已是生产经营管理链条中不可或缺的一部分，与整个企业生产活动紧密契合。因此，多数大中型企业都已利用套期保值工具进行原料和产品风险管理。"中银国际期货有色首席研究员刘超对中国证券报记者表示。

"企业运用期货以及衍生品工具规避价格波动风险是大势所趋。"山金期货研究所所长曹有明对中国证券报记者表示，对于很多企业来说，如采掘、冶炼、加工制造类企业，其经营利润和原材料的采购成本或产成品价格高度相关，而利润的波动幅度又远远大于价格的波动幅度。因此，控制价格波动的风险是此类企业能否盈利的关键。另外，很多企业处于充分竞争状态，利润本来就微薄，往往长时间处于盈亏边缘状态，难以承受价格的大起大落，利用期货或衍生品工具可以比较有效地管理价格波动风险。

"但需要注意的是，套期保值的作用在于规避价格波动风险，而不是追求期货市场盈利，否则教训惨痛。例如中航油、深南电等事件，企业开始都是从保值角度出发，但最终变成了单边赌价格涨跌的投机，没有遵守期货亏损现货补、现货亏损期货补的期现双向同步运作的保值原则，最终造成了难以弥补的损失。"刘超说。

资料来源：马爽，张利静. 上市公司入市套保 商品套保成常态 外汇套保激增 [N]. 中国证券报，2020-07-31.

问题：根据上述材料，分析越来越多上市公司参与套期保值的原因。

分析提示：规避商品价格风险或者外汇汇率风险。

□ 实践训练

运用套期保值来规避价格波动的风险。

要求：

①走访当地几家与铜、铝、棉花、大豆、小麦的生产和经营相关的企业。

②调查这些企业是否存在原材料及产品价格大幅波动的风险。

③如果存在这样的风险，考察可能存在的风险有多大。

④根据企业需求，为其设计一个利用套期保值来规避价格波动风险的方案。

第9章　期货投资技术分析

学习目标

在学习完本章之后，你应该能够：了解技术分析的概念和假设前提；掌握道氏理论的基本原理；熟知K线、趋势、形态、移动平均线等技术分析基本原理；了解指标分析基本原理；了解成交量和持仓量对市场的影响。

引　例

世界上最出色的期货交易员：1小时盈利50%

"我曾经亲眼看到Steve在电脑屏幕前做白糖期货交易……令人惊讶的是，每次他都在阶段性的低点持有多头，而在阶段性的高点改为空头，几乎毫无例外。他真的是一个有血有肉的人吗？我感到他要么是电脑，要么是魔鬼，一个为交易而生的魔鬼。"

Steve可能是这一代地球人当中极少数完全为交易而生的人之一。他对交易有一种天生的热情。他曾经这样总结自己的成功："对市场的敏锐判断、对技术分析的精通，以及在交易结束后多做基本分析，补足功课。如果你不做功课，那永远不能成功。"

作为一个股票和金融衍生工具交易员，Steve并没有取得特别出色的战绩——在几百次交易中仅仅略微战胜市场而已。但是，这显然不是因为他能力不足，而是因为股票市场不符合他的交易风格。"我是纯粹的技术分析交易员，而股票市场本身带有过于严重的基本面因素，从而掩盖了我的技术分析。"他坦率地说。

所以，他很快转向商品期货交易。经过不到半年的专业训练，他已经成为农产品和有色金融领域最出色的年轻交易员之一。他曾经对自己所在投资银行的高级主管演示了自己的交易技巧：在一个小时之内连续做出37笔交易，每一笔都取得了可观的盈利，即使去除交易费用，总盈余也高达50%。"我只能用可怕来形容，我从来没有见过一个小时盈利达到50%的人，过去没有，将来也不会再有。"该投资银行交易业务主管说，"我们为Steve而骄傲。"

在Steve看来，期货交易就像小提琴独奏，既有事先的铺垫，又有高潮时的"华彩乐章"。他说："我每天的前几笔交易做得都不怎么样。在假期结束之后，我返回交易柜台的时候，往往连续几天都做得很糟糕，有时甚至持续几个星期赚不到钱。但是，在我连续工作三个星期之后，世界上没有一个交易员能够阻止我把他击败。"

每天下午2点以后，也就是期货交易的最后一个多小时，是Steve展示交易技巧的最佳时段。根据Steve所在的投资银行的内部统计，他创造的利润有75%来自这个时间段。他喜欢喝着一杯很浓的红茶，一只手放在键盘上，一只手放在电话上，随时准备下达交易指令。"这个时候，我的交易不是特别频繁，有时候一小时只做3笔或4笔，但其中每一笔都会打败一个或几个主要对手。我可以想象到他们被拉爆仓时的表情……呵呵，每当他们被迫平仓的时候，我就有一种说不出的喜悦。"Steve面带微笑地说。

交易结束之后，Steve会去做什么？"噢，这个世界上除了交易之外，还有很多事情可做啊，比如音乐和美酒。"Steve轻松地回答道，"但是我最喜欢的仍然是历史，包括金融交易的历史、商品的历史，以及其他政治军事的历史。读史使人明智，我正是从历史中获取战胜敌人的策略的。"

资料来源：佚名. Steve：一位世界上最伟大的华人期货交易员 [EB/OL].（2013-12-19）[2020-05-20]. http//futures.cnfol.com/touzigaoshoudianping/20131219/16498634.shtml.

这一案例表明：期货投资的特点决定了期货交易一般都是短期的，这与股票交易有很大的不同，从而使得技术分析在期货交易中作用更大。同时，我们也不能忽略其他方面，正如Steve所说的，对市场的敏锐判断、对技术分析的精通，以及在交易结束后多做基本分析是成功的关键。

9.1　期货投资技术分析概述

9.1.1　期货投资技术分析的定义和假设前提

期货投资技术分析，是以预测期货市场价格变化的未来趋势为目的，以绘制图表为主要手段对市场行为进行的研究。市场行为有三个方面的含义——价格、交易量和持仓量，它们是期货技术分析者通常能够获得的信息来源。价格是三个因素中最基本的技术分析因素，而其他两个因素主要是为了进一步确定已确认价格趋势的正确性。

技术分析有三个基本假定，即市场行为包含一切，价格以趋势方式演变，历史会重演。

"市场行为包含一切"构成了技术分析的基础。技术分析者认为，能够影响某种期货价格的任何因素——经济的、政治的、心理的或任何其他方面的，实际上都反映在其价格之中。由此可以推论，我们必须做的事情就是研究价格的变化。这个前提的实质含义其实就是价格变化必定反映供求关系，如果需求大于供给，价格必然上涨；如果供给大于需求，价格必然下跌。供求规律是所有经济预测方法的出发点。那么，只要价格上涨，不论是什么具体的原因，需求一定超过供给，从经济基础上说必定看好；如果价格下跌，从经济基础上说必定看淡。归根结底，技术分析者不过是通过价格的变化间接地研究基本面。因此，既然影响市场价格的所有因素最终必定要通过市场价格反映出来，那么研究价格就够了。

"趋势"概念是技术分析的核心。研究价格图表的全部意义，就是要在一个趋势发生发展的早期，及时准确地把它揭示出来，从而达到顺着趋势交易的目的。事实上，技术分析在本质上就是顺应趋势，即以判定和追随既成趋势为目的。从"价格以趋势方式演变"可以自然而然地推断，对于一个既成的趋势来说，下一步常常是沿着现存趋势方向继续演变，而掉头反向的可能性要小得多。还可以说，当前趋势将一直持续到掉头反向为止。正是由于这一条，技术派投资者才花费大量心血，试图找出期货价格变动的趋势。

第三条假设是从人的心理因素方面考虑的。市场上进行具体买卖的是人，是由人决定最终的操作行为。人必然要受到心理学中某些规律的制约。一个人在某一场合，得到某种结果，那么，下一次碰到相同或相似的场合，这个人就认为会得到相同的结果。期货市场也一样，比如价格形态，它们通过一些特定的价格图表形状表现出来，而这些图形表示了人们对某市场看好或看淡的心理，当技术派投资者遇到与过去某一时间相同或相似的情况，就会自然地把过去已知的结果作为对未来作预测的参考。

9.1.2　期货投资中技术分析与基础分析的选择

技术分析主要研究市场行为，基础分析则集中考察导致价格涨落或持平的供求关系。技术分析和基础分析都试图解决同样的问题，即预测价格变动的方向，只不过二者着眼点不同。基础分析追究市场运动的前因，即从各种社会、经济因素来分析供求关系，预测价格走向。而技术分析则是研究市场运动的后果，即市场已经发生了变化，在这个变化中该采取什么样的策略。

在期货投资中，技术分析和基础分析都是不可或缺的，二者相互补充，不存在谁替代谁的问题。我们可以从基本分析入手，考察在一个相对较长时期内某种商品的供求关系，从而确定该种商品大致的价格走势。同时运用技术分析选择入市、出市时机。在股票投资中，我们一般提倡中长期投资，提倡运用基本分析方法来判断企业的投资价值，买入并持有，对入市时机的精确把握并不在意。而期货投资却稍显不同，期货市场的杠杆作用注定了时机的选择是交易成败的关键。即使投资者正确把握了大的趋势，仍然可能赔钱，因为期货交易要求的保证金很少，一般不超过10%，哪怕价格朝不利的方向变化并不大，投资者也会损失大部分或全部本金，买入并持有策略并不适合期货投资，比如，对于买入沪铜合约的投资者来说，当保证金为5%时，铜价下跌5%，则投资者失去全部本金，而5%的价格波动对沪铜来说并不大。

9.1.3　技术分析的理论基础——道氏理论

道氏理论是技术分析的理论基础，迄今大多数广为使用的技术分析方法都起源于道氏理论。该理论的创始人是美国人查尔斯·亨利·道。为了反映市场总体趋势，他与爱德华·琼斯创立了著名的道·琼斯平均指数。他们在《华尔街日报》上发表的有关证券市场分析的文章，经后人整理，成为我们今天看到的道氏理论。

道氏理论的主要原理是：

1）平均价格可以解释和反映市场的大部分行为

这和我们前面讲述的技术分析的第一个假设前提，即"市场行为包含一切"相吻合，只不过这里用平均价格代替了前面的个别对象的价格。这个原则表明，所有可能影响供求关系的因素都可通过平均价格来表现，就连自然灾害也不例外。当然这些自然灾害事先谁都难以预料，但一旦发生，就会很快被市场通过价格变化消化吸收掉。

2）市场具有三种趋势

道氏理论认为，价格的波动尽管表现形式不同，但最终可将它们分为三种趋势：主要趋势（大趋势）、次要趋势（中趋势）和短暂趋势（小趋势）。

主要趋势是那些持续1年或1年以上的趋势，看起来像大潮。

次要趋势是那些持续3周至3个月的趋势，看起来像波浪，是对主要趋势的修正或调整。也就是说，如果主要趋势是上升趋势，那么次要趋势是对上升趋势的修正，即次要趋势呈下跌走势；如果主要趋势是下跌趋势，那么次要趋势是对下跌趋势的修正，即次要趋势呈上升走势，一般调整的幅度为先前主要趋势幅度的1/3或2/3。

短暂趋势持续时间不超过3周，看起来像波纹，其波动幅度更小，次要趋势通常由3个或3个以上的短暂趋势组成。

图9-1描绘了三种趋势之间的相互关系。1—2、3—4表示主要上升趋势，2—3表示主要上升趋势中的次要调整趋势，A—B、B—C则表示组成次要趋势的短暂趋势。

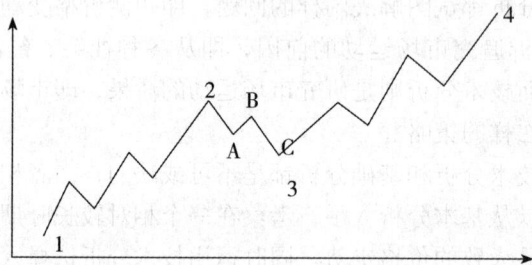

图9-1 主要趋势、次要趋势、短暂趋势示意图

3）大趋势可分为三个阶段

以上升趋势为例：

第一阶段，又称积累阶段。以熊市末尾牛市开端为例，此时所有经济方面的所谓坏消息已经最终为市场所消化，价格已跌无可跌，于是那些精明的投资者开始逐步逢低买入。

第二阶段，市场利好消息增多，绝大多数顺应趋势的投资者开始顺势买入，从而交易量放大，价格快速上扬。

第三阶段，市场上到处充斥着各种利好消息和传言，投资者争先恐后，积极入市，买卖极其活跃。在这个阶段，表面上来看，谁也不愿意卖出，其实当初在熊市底部，在谁也不愿意买的时候，逢低买入的投资者正逐步平仓。

第三阶段结束的标志是出现下降趋势，并又回到积累阶段。

4）趋势必须得到交易量的确认

道氏理论认为交易量分析是第二位的，但作为验证价格信号的旁证具有重要价值。如果大趋势向上，价格在上涨的同时，交易量应该逐步增加，而当价格下跌时，交易量应该逐步减少；如果大趋势向下，情况正好相反，当价格下跌时，交易量增加，当价格上涨时，交易量萎缩。

5）一个趋势形成后将持续，直到趋势出现明显的反转信号

这是趋势分析的基础。然而，确定趋势的反转却不太容易。对于信奉道氏理论或者

趋势投资的投资者来说，有时很难判断某个情形到底是大趋势中的次要调整，还是真正的反转。关于什么样的信号才是明显的反转信号，图9-2进行了说明。

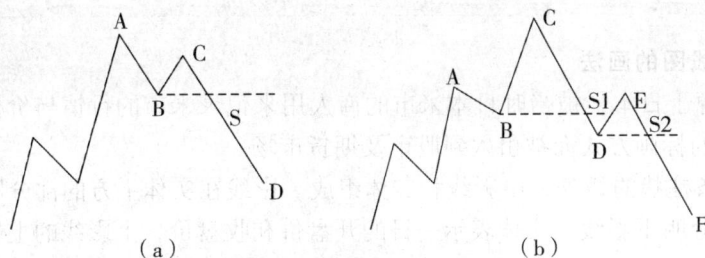

图9-2　判断趋势真正反转的示意图

在图9-2（a）中，C点的上涨未能达到相邻的前一个高峰A点的高度，此后价格又回头跌破了前一个低谷B点的水平。在这种情形下，就存在两个依次下降的峰和两个依次下降的谷，表明当前跌破B点水平时，S点是一个明确的卖出信号。

在图9-2（b）中，这一轮上涨所达的高点C已经打破了前一个峰值A点，然后价格才滑破前一个低点B。尽管在S1点，B点价位的支撑显然已经崩溃，但信奉道氏理论的投资者并不认为这是一个良好的卖出信号，理由是这里只有依次降低的低点，却没有依次降低的高点。他们认为只有价格回到E点而无力达到C点的高度，然后随之而来的下跌又低于D点，这时的S2点才是真正的卖出信号。

9.1.4　技术分析方法的种类

在价、量历史资料基础上进行的统计、数学计算、绘制图表等方法是技术分析的主要手段。技术分析方法种类繁多，形式多样。一般来说，可以将期货投资技术分析分为如下常用的几类：K线分析、趋势分析、形态分析、移动平均线分析、指标分析、交易量和持仓量分析等。

知识链接 9-1

约翰·墨菲和《期货市场技术分析》

约翰·墨菲是美国著名的期货市场技术分析专家，他因为《期货市场技术分析》的影响而两度获得美国市场技术分析师协会的年度大奖，最近一次是2002年。

《期货市场技术分析》是美国市场技术分析家约翰·墨菲的代表作，被誉为当代市场技术分析的圣经，本书集各种市场技术分析理论和方法之大成，总是一针见血地指出各种方法在实际应用中的长处、短处以及在各种环境条件下把它们取长补短地配合使用的具体做法，兼有优秀教材、权威工具书、实用操作指南三大特色。

《期货市场技术分析》是讲商品期货技术分析的，主要内容有技术分析的理论基础、道氏理论、图表简介、趋势的基本概念、主要反转形态、持续形态、交易量和持仓兴趣、长期图表和商品指数、移动平均线、摆动指数和相反意见、日内点数图、三点转向和优化点数图、艾略特波浪理论、时间周期等。

资料来源：墨菲. 期货市场技术分析［M］. 丁圣元，译. 北京：地震出版社，2005.

9.2　K线分析

9.2.1　K线图的画法

K线图起源于日本，被当时日本米市的商人用来记录米市的行情与价格波动，后因其细腻、独到的标画方式而被引入到股市及期货市场。

K线是一条柱状的线条，由影线和实体组成。影线在实体上方的部分叫上影线，在实体下方的部分叫下影线。实体表示一日的开盘价和收盘价，上影线的上端顶点表示一日的最高价，下影线的下端顶点表示一日的最低价。

根据开盘价和收盘价的关系，K线又分为阳线和阴线两种。收盘价大于等于开盘价，为阳线；收盘价小于开盘价，为阴线（如图9-3所示）。

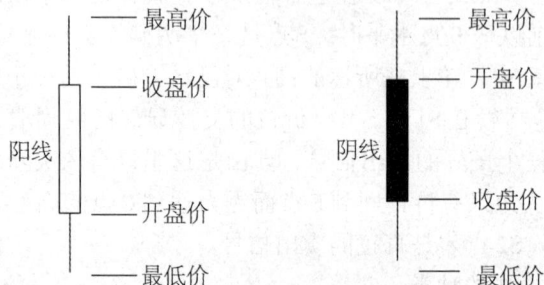

图9-3　阳线、阴线示意图

一根K线记录一天的价格变动情况。将某一期间每天的K线按时间顺序排列在一起，就可以反映一段时间内的价格变动情况，这就叫日K线图。

除了日K线外，还可以画不同时间周期的K线，如5分钟K线、15分钟K线、30分钟K线、60分钟K线、周K线、月K线、季K线、年K线等。这些K线的画法同日K线的画法几乎完全一样，区别只在四个价格时间参数的选择上。例如，30分钟K线选择的四个价格分别为某个30分钟时间段内的开盘价、收盘价、最高价和最低价。

9.2.2　K线的主要形状和含义

根据四个价格的不同取值，一般K线可以画出如图9-4所示的几种K线形状。

图9-4　几种常见的阳线、阴线示意图

下面按图9-4的顺序分别介绍上述几种K线。

①光头光脚阳线，即开盘价等于最低价，收盘价等于最高价。

②光头阳线，即收盘价等于最高价。

③光脚阳线，即开盘价等于最低价。

④光头光脚阴线，即开盘价等于最高价，收盘价等于最低价。

⑤光头阴线，即开盘价等于最高价。

⑥光脚阴线，即收盘价等于最低价。

⑦十字形，即开盘价等于收盘价。

⑧T字形，即开盘价、收盘价、最高价相等。

⑨倒T字形，即开盘价、收盘价、最低价相等。

⑩一字形，即开盘价、收盘价、最高价、最低价四个价格相等。在存在涨跌停板制度时，若一开盘期货价格就达到涨跌停板价格，且在交易时间内没有打开，就会出现这种形态的K线。

9.2.3　单根K线的应用

应用单根K线来判断行情，主要从K线是阴线还是阳线，K线实体的大小，上、下影线长短等来综合判断。这里仅就几种具有典型意义的单根K线进行分析。

1）实体较大的阳线或阴线

实体较大的阳线一般也称为大阳线，实体较大的阴线一般也称为大阴线。所谓实体较大，是指开盘价和收盘价的价格相差较大。

大阳线表明涨势强烈，多方占有绝对优势。这种K线如果出现在波段的低点或者上涨趋势的中部，就是买入信号；如果出现在波段的高点，则是反转的信号，预示未来期货价格可能会下跌，可以卖出（如图9-5所示）。

图9-5　波段低点的大阳线示例图

大阴线表明跌幅巨大，空方占有绝对优势。这种K线如果出现在波段的高点或者下跌趋势的中部，就是卖出信号；如果出现在波段的低点，则是反转的信号，预示未来期货价格可能会上涨，可以买入。

2）有上影线的阳线和阴线

有上影线的阳线表明市场呈多头格局，但上涨卖压沉重，未来可能下跌。若在波段的高点出现一根有长上影线的阳线，则是较明确的反转下跌信号（如图9-6所示）；若在波段的低点出现，表明多方试图上攻，未来可能反弹，可买入。

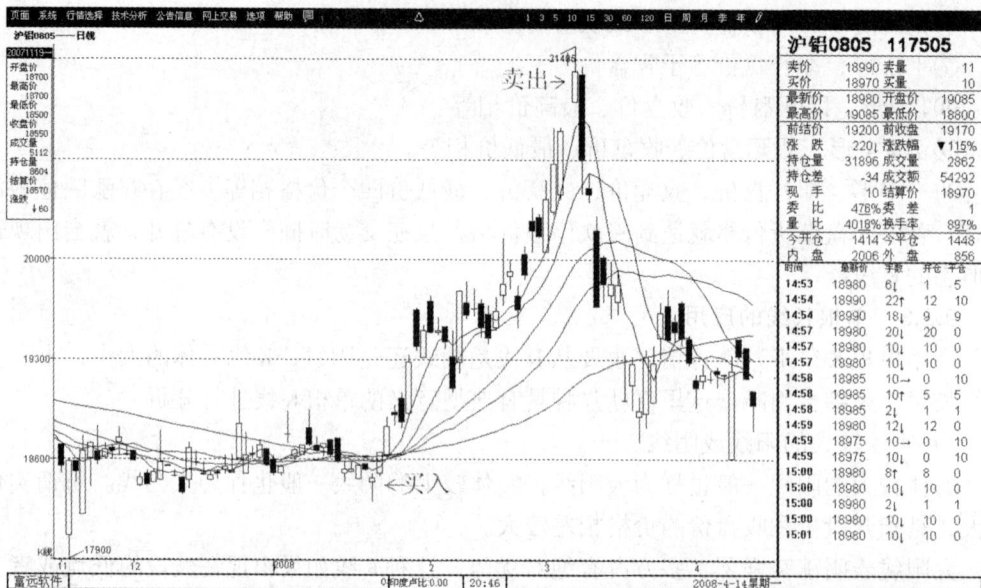

图9-6 波段高点的有长上影线的阳线示例图

有上影线的阴线表明空方强势，上涨卖压沉重，未来可能下跌，若在波段的高点出现，是较明确的下跌信号。

3) 有下影线的阳线和阴线

有下影线的阳线表明虽然遭到空方打压，价格一度下跌，但最终多方大获全胜。如在盘整期或长期跌势后，出现这种K线，可能为上涨前兆，且下影线越长，反弹力度越强。

有下影线的阴线表明价格呈现抵抗下跌之势，若在波段的低点出现这种K线，可能为反弹前兆，若在上涨的高点出现，有可能转向盘整或下跌。

4) 十字形

十字形表明多空势均力敌。如果上下影线长，表明多空双方对抗激烈，未来走势可能反转；如果上下影线较短，表示未来可能陷入盘整。十字形若出现在波段的高点，表明多方力量减弱，未来可能下跌；若出现在波段的低点，表明空方力量减弱，未来可能上涨（如图9-6所示）。

9.2.4 多根K线组合的应用

K线组合的情况非常多，要综合考虑各根K线的阴阳、高低、上下影线的长短等。无论是两根K线、三根K线还是多根K线，都是以各根K线的相对位置和阴阳来推测行情的，即将上一交易日的K线画出，然后将这根K线按数字划分为五个区域（如图9-7所示）。

对于两根K线组合来说，第二天的K线是进行行情判断的关键。第二天多空双方争斗的区域越高，越有利于上涨；多空双方争斗的区域越低，越有利于下跌。也就是说，从区域1到区域5是多方力量减弱、空方力量增强的过程。

对于两根以上K线组合来说，判断的原理同两根K线组合相同，都是由最后一根K线相对于前面K线的位置来判断多空双方的实力大小。一般来说，K线越多的组合，其反映的信息越多，根据其得出的结论越可靠。

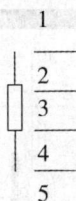

图9-7 K线区域划分示意图

下面介绍两种常见的多根K线组合的应用。

1）连续两根阳线或连续两根阴线

连续两根阳线，且第二根阳线实体在第一根阳线实体之上，表明多头取得决定性胜利，未来市场上涨的可能性较大；而连续两根阴线，且第二根阴线实体在第一根阴线实体之下（如图9-8所示），则表明空头取得绝对优势，未来下跌的可能性较大。

图9-8 波段高点连续两根阴线示例图

2）两根阳线夹一根阴线或两根阴线夹一根阳线

两根阳线夹一根阴线，如果第三根阳线的位置超越了前两根K线（如图9-9所示），则表明市场做多情绪浓厚，未来看涨；对于两根阴线夹一根阳线来说，如果第三根阴线的位置低于前两根K线，表明市场空头气氛形成，未来看跌。

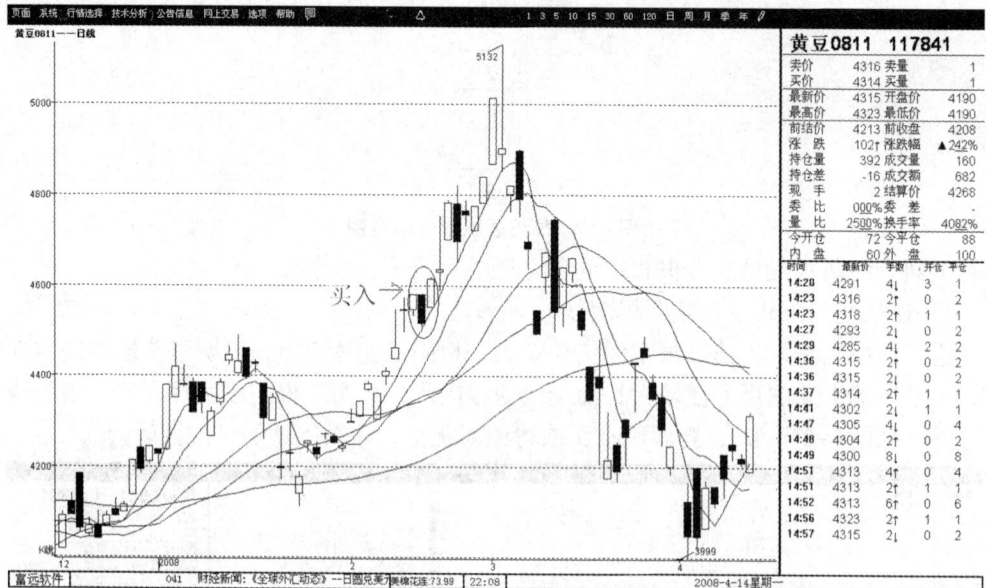

图9-9   上升途中的两阳夹一阴示例图

9.3   趋势分析

9.3.1   趋势概述

1）趋势的含义

在期货投资技术分析中，趋势的概念是绝对核心的内容。期货投资者所采用的全部技术分析工具，诸如支撑和压力、价格形态、移动平均线、趋势线等，其唯一的目的就是辅助投资者判断市场趋势，从而顺应趋势的方向做期货交易。在期货市场上，"永远顺着趋势交易""绝不可逆势而动""趋势是最好的朋友"等说明的就是这个问题。

我们知道，通常情况下，市场不会朝任何方向直来直去，市场运动的特征就是曲折蜿蜒，它的轨迹很像一系列前仆后继的波浪，具有相当明显的波峰和波谷。所谓市场趋势，正是由这些波峰和波谷依次上升或下降的方向所构成的。这些波峰和波谷依次上升、依次下降，或者横向延伸，其方向就构成了市场趋势。技术分析三大假设中的第二条明确说明价格的变化是有趋势的，没有特别的理由，价格将沿着这个趋势继续运动。

2）趋势的方向

趋势的方向有三类：

（1）上升方向。如果图形中每个后面的峰和谷都高于前面的峰和谷，则趋势就是上升的。这就是通常所说的一底比一底高或底部抬高（如图9-10所示）。

（2）下降方向。如果图形中每个后面的峰和谷都低于前面的峰和谷，则趋势就是下降的。这就是通常所说的一顶比一顶低或顶部降低（如图9-11所示）。

（3）水平方向。如果图形中后面的峰和谷与前面的峰和谷相比，没有明显的高低之分，几乎呈水平延伸，这时的趋势就是水平的，或者称为无趋势（如图9-12所示）。

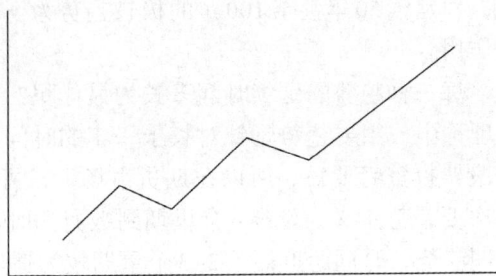

图9-10 上升趋势示意图

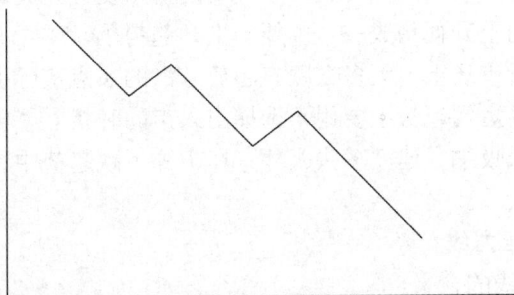

图9-11 下降趋势示意图

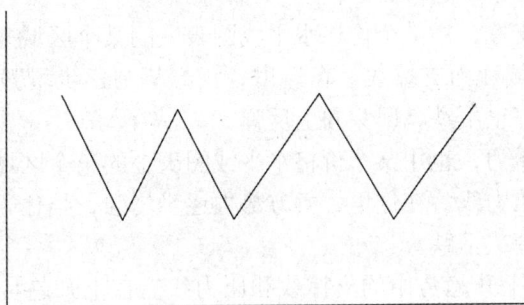

图9-12 无趋势示意图

期货投资分析中所运用的各种技术方法,本质上都是顺应趋势的,各种技术分析方法的主要意图在于追随上升或下降的市场,因此当市场进入无趋势阶段时,技术分析方法通常表现不佳,甚至根本不起作用。

所以,对于顺应趋势的技术分析来说,首先必须有趋势可循,然后才能发挥作用。我们知道,期货投资者在进行市场操作时有三种选择:看涨策略,即先买后卖;看跌策略,即先卖后买;离场观望。因此,只有在确定市场呈上升趋势时,才能采用看涨策略;在市场呈下跌趋势时,才能采用看跌策略;而在市场呈现无趋势状态时,只能离场观望,不进行任何操作是最明智的选择。

3)趋势的类型

趋势不但具有三个方向,而且还可以划分为三种类型,这三种类型就是主要趋势、次要趋势和短暂趋势,前面已经介绍过了。在实际期货市场上,从覆盖几分钟或几小时的非常短暂的趋势开始，到延续50年甚至100年的极长趋势为止，随时都有无数个大大小小的趋势并存且共同作用。

对于期货投资来说，每一种趋势的延续时间多长为最佳呢？

我们知道，在道氏理论中，主要趋势是针对长于一年的时间而言的，但是期货投资者所操作的时间一般比股票投资者要短，所以在期货市场上，可以认为长于6个月便是主要趋势。道氏理论把次要趋势定义为延续3个星期到数月的时间跨度，这在期货市场上也大致合适。至于短期趋势，时间跨度短于2~3个星期较为适当。

在实际的期货投资中，投资者可根据个人的投资风格来确定每种趋势的时间跨度。例如，对于长线投资者来说，几天乃至几个星期的价格变化无关紧要，而对于当日投资者来说，持续两三天的上升便构成一个主要的上升趋势了。

一般来说，在期货市场上，大多数顺应趋势方法的焦点实际上是中期趋势，即可能延续数月的时间跨度，短暂趋势主要用来选择出入市的时机。在中等的上升趋势中，短暂的回落可以用来逢低吸纳，建立多头头寸；在中等下跌趋势中，短暂的上升可以用来逢高卖出，建立空头头寸。

9.3.2 支撑线和压力线

1）支撑线和压力线的含义

在前面关于趋势的讨论中，我们知道价格运动是由一系列波峰和波谷构成的，它们依次升降的方向决定了市场趋势。

我们把波谷称为支撑，用某个价格水平或图表上的某个区域来表示，习惯上我们把这个价格水平或者区域称为支撑线。在这里，买方势力逐步增强，足以抗拒卖方的压力，结果价格在这里停止下跌，回头向上反弹。

我们把波峰称为压力，也用某个价格水平或图表上的某个区域来表示，相对应的价格水平或者区域称为压力线。在这里，卖方势力逐步增强，挡住了买方的进攻，结果价格在这里停止上升，掉头下跌。

图9-13表示出了上升趋势中的支撑线和压力线。在上升趋势中，支撑线和压力线呈现出逐步抬高的趋势。在上升趋势中，压力水平意味着上升趋势将在此处稍作休息，但此后它迟早会被向上穿越。而如果下一次未被穿越，这时就要引起警觉，若此后的期货价格又向下突破这个上升趋势的支撑线，通常意味着该轮上升趋势已经结束，下一步的走向是下跌。

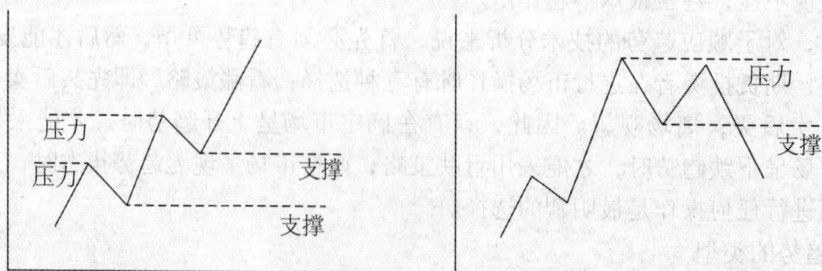

图9-13 上升趋势中的支撑线、压力线示意图

图9-14表示出了下降趋势中的支撑线和压力线。在下降趋势中，支撑线和压力线呈现出逐步降低的趋势。在下降趋势中，支撑线意味着下跌趋势将在此处稍作休息，但此后它迟早会被向下跌破。而如果下一次未被跌破，这时就要引起警觉，若此后的期货价格又向上突破这个下降趋势的压力线，通常意味着该轮下降趋势已经结束，下一步的走向是上涨。

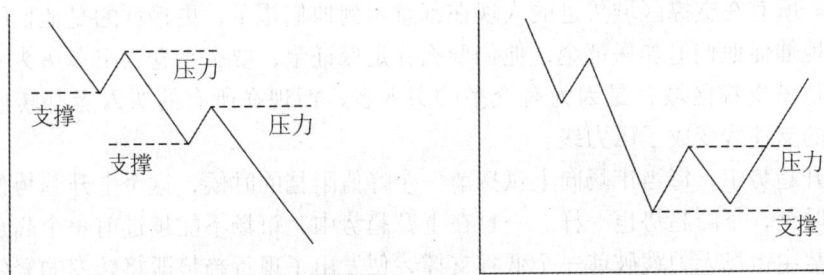

图9-14　下降趋势中的支撑线、压力线示意图

2）支撑线和压力线可以相互转化

在前面的论述中，我们一直把波谷定义为支撑，把波峰定义为压力。实际上，情况并不总是如此，只要支撑线和压力线被足够大的价格变化切实击破了，它们就会互换角色，也就是说，压力线变成了支撑线，相应地，支撑线变成了压力线（如图9-15所示）。我们不妨从投资心理学的角度来说明这个问题。

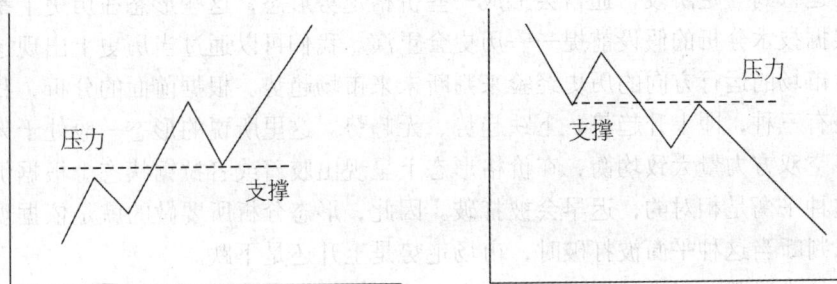

图9-15　支撑线、压力线相互转化示意图

我们习惯上把期货市场的投资者分为三类：多头、空头和观望者。多头为买进期货合约的投资者，空头为卖出期货合约的投资者，观望者或者是已平仓出局者，或者是尚在买和卖之间犹豫不决者。

我们假定市场在突破压力区域之后开始向上移动，在此区域买入合约的多头认为自己做对了，并对自己的买入数量不足而耿耿于怀，如果市场再回落至该区域附近，他们倾向于再增加多头头寸。

在该区域卖出合约的空头也意识到自己做错了，随着市场的上涨，他们的亏损在增加，一旦市场回落至当初他们卖出的区域，空头则倾向于赶紧买入平仓脱身。

对于在该区域把手中的多头头寸卖出平仓的出局者，当然追悔莫及，于是他们指望再有机会在接近他们卖出的地方把那些多头头寸补回来。

对于那些犹豫不决的观望者，他们现在终于认识到价格将进一步上涨，因此下定决心在下一个买入的好时机进场。上述四种人都决意在下一轮下跌中买进，那么，当市场回落至前面的压力区域时，上述四类投资者的买进自然会把价格推上去，此时的压力线转化为支撑线。

反过来，我们设想市场不是上升，而是下跌。在上升趋势中，市场参与者对每次下跌的反应是更多地买进。然而，如果价格开始下跌，且跌破了前一个支撑区域，情况便恰恰相反。所有在支撑区域买进的人现在都意识到他们错了，更糟糕的是他们的经纪人开始发疯地催促他们追加保证金，他们要么补足保证金，要么平仓卖出多头头寸。

原本造就支撑区域，是因为有众多的买入者，而现在所有的买入者都转化为卖出者，原来的支撑线变成了压力线。

在上升趋势中，每当市场向上试探前一个峰值阻挡的时候，这个上升趋势便处于极为关键的时刻，下降趋势也一样。一旦在上升趋势中，市场不能越过前一个高点，或者在下降趋势中市场无力跌破前一个低谷支撑，便发出了现行趋势即将转变的警告信号。

9.4　形态分析

9.4.1　形态分析概述

所谓形态，指的是在一段时期内，期货价格走势所呈现出的图案或花样。形态分析就是根据这样的价格形态来判断未来市场的走势。

市场运行到一定阶段，通常会形成一些价格走势形态，这些形态在历史上都曾经出现过，根据技术分析的假设前提——历史会重演。我们可以通过当历史上出现这些形态时，随后市场的运行方向的历史经验来判断未来市场趋势。根据前面的分析，我们知道市场趋势有三种，即上升趋势、下跌趋势、无趋势。这里所说的形态一般处于无趋势状态，即多空双方力量大致均衡，在价格形态上呈现出胶着或者拉锯状态。根据价格运行规律，这种平衡是相对的，迟早会被打破。因此，形态分析所要做的就是依据现在的价格形态来判断当这种平衡被打破时，市场走势是上升还是下跌。

形态分为两类：一类是持续整理形态，一类是反转突破形态。持续整理形态就是出现这种价格形态后，市场将继续沿着原有的方向运行。比如原有的方向是上升，在出现持续整理形态后，随后的市场走势还是上升；相应地，原有的方向是下跌，随后的市场走势是进一步下跌。而反转突破形态则指当出现这种价格形态后，随后的市场运行方向和原有的方向相反。比如，原有的方向是上升，在出现反转突破形态后，随后的市场走势转为下跌；相应地，原有的方向是下跌，随后的市场走势转为上升。

反转突破形态主要包括头肩顶（底）形态、双重顶（底）形态、圆弧顶（底）形态、喇叭形态以及 V 形和伸延 V 形反转形态等。

持续整理形态主要包括三角形整理形态、矩形整理形态、旗形整理形态和楔形整理形态等。

9.4.2　反转突破形态

1）头肩顶（底）形态

头肩形态是最著名、最可靠的反转突破形态。头肩顶形态如图9-16所示。

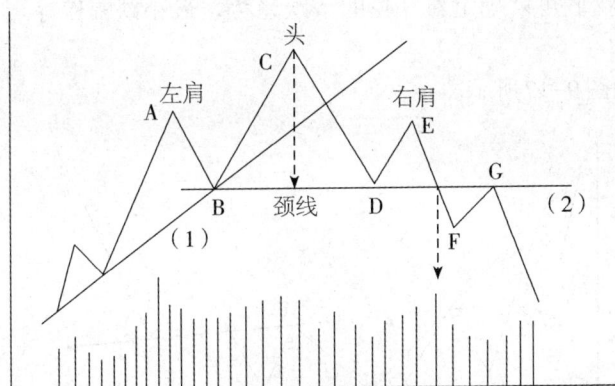

图 9-16 头肩顶形态示意图

从图 9-16 中可以看到，头肩顶形态包括左肩、头、右肩三个部分。

左肩部分，持续一段上升的时间，成交量很大，过去在任何时间买进的人都有利可图，于是开始获利沽出，令价格出现短期的回落，成交量较上升到其顶点时有显著的减少。

头部，价格经过短暂的回落后，又有一次强力的上升，成交量亦随之增加。不过，成交量的最高点较之于左肩部分，明显减退。价格升破上次的高点后再一次回落，成交量在回落期间亦同样减少。

右肩部分，价格下跌到接近上次的回落低点又再获得支持回升，但是，市场投资的情绪显著减弱，成交较左肩和头部明显减少，价格没法抵达头部的高点便告回落，于是形成右肩部分。

简单来说，头肩顶形态呈现三个明显的高峰，其中位于中间的一个高峰较其他两个高峰的高点略高。至于成交量方面，则出现梯级型下降。

头肩顶形态的市场解释如下：开始，看好的力量不断推动价格上升，市场投资情绪高涨，出现大量成交，经过一次短期的回落调整后，那些错过上次升势的人在调整期间买进，价格继续上升，而且越过上次的高点，表面看来市场仍然健康和乐观，但成交量已大不如前，反映出买方的力量在减弱中。那些对前景没有信心和错过了上次高点获利回吐的人，或是在回落低点买进作短线投机的人纷纷沽出，于是价格再次回落。第三次的上升，为那些后知后觉错过了上次上升机会的投资者提供了机会，但价格无力超越上次的高点，而成交量进一步下降时，差不多可以肯定过去看好的乐观情绪已完全扭转过来。未来的市场将是疲弱无力的，一次大幅的下跌即将来临。

实践中，期货投资者如何判断头肩顶形态已经形成，市场走势即将呈下降趋势，从而平仓多头头寸，建立空头头寸呢？通过左肩底（B）和头部底（D），我们可以画出一条较为平缓的趋势线，称为颈线。在顶部，颈线一般轻微上斜（有时可能水平，或者在更少数情况下略微向下倾斜）。头肩顶成立的决定性因素是，收市价明确地突破到颈线之下，可以采用突破的幅度达到 3% 以上，或者连续两天的收市价在颈线以下。在这种情况下，市场终于突破了由底点 B 和 D 构成的趋势线，并跌破 D 点的支撑，从而完全满足了新趋势产生的前提条件——依次下降的峰和谷。于是，从依次下降的峰和谷点

C、D、E、F上，我们可以确定新一轮的下跌趋势，最小跌幅应等于头（C）到颈线的垂直距离。

头肩底形态如图9-17所示。

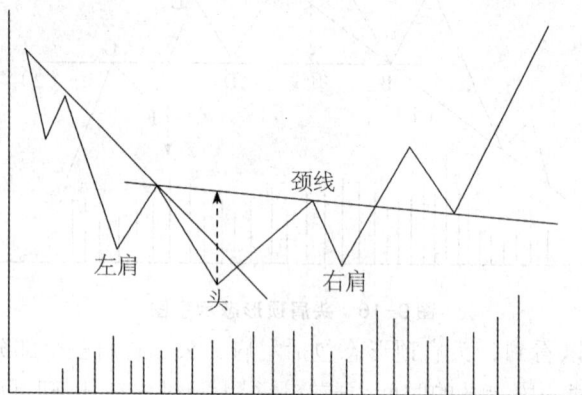

图9-17　头肩底形态示意图

头肩底形态和头肩顶形态一样，只是倒转过来而已，又称"倒转头肩式"。形成左肩时，价格下跌，成交量相对增加，接着为一次成交量较少的次级上升，然后价格又下跌且跌破上次的最低点，成交量再次随着价格下跌而增加，较左肩反弹阶段时的交投为多——形成头部；从头部最低点回升时，成交量有可能增加。

当期货价格回升到上次的反弹高点时，出现第三次回落，这时的成交量很明显少于左肩和头部，价格跌至左肩的水平，跌势便稳定下来，形成右肩。

最后，价格正式策动一次升势，且伴随着成交大量增加，当其颈线阻力被冲破时，成交更显著上升，整个形态便告成立。

当头肩底颈线被突破时，就是一个真正的买入信号，虽然价格和最低点比较，已上升一定幅度，但升势只是刚刚开始，尚未买入的投资者应该继续追入，其最少升幅是从头部到颈线的垂直距离。

另外，当颈线阻力被突破时，必须要有成交量激增的配合，否则这可能是一个错误的突破。不过，如果在突破后成交量逐渐增加，形态也可确认。同时，在升破颈线后可能会出现暂时性的回跌，但回跌不应低于颈线。如果回跌低于颈线，又或价格在颈线水平回落，没法突破颈线阻力，甚至比顶部还低，这可能是一个失败的头肩底形态。

2）双重顶（底）形态

双重顶、双重底形态如图9-18所示。

当市场上升到某一价格水平（A）时，出现大成交量，价格随之下跌，成交量减少。接着价格又升至与前一个价格几乎相等的顶点（C），成交量再随之增加却不能达到上一个高峰的水平，之后价格第二次下跌，价格的移动轨迹就像字母M，这就是双重顶（也称"双头"），又称M头走势，如图9-18（a）所示。

当市场持续下跌到某一价格水平后出现技术性反弹，但回升幅度不大，时间也不长，然后期货价格又下跌，当跌至上次低点时却获得支持，再一次回升，这次回升时成

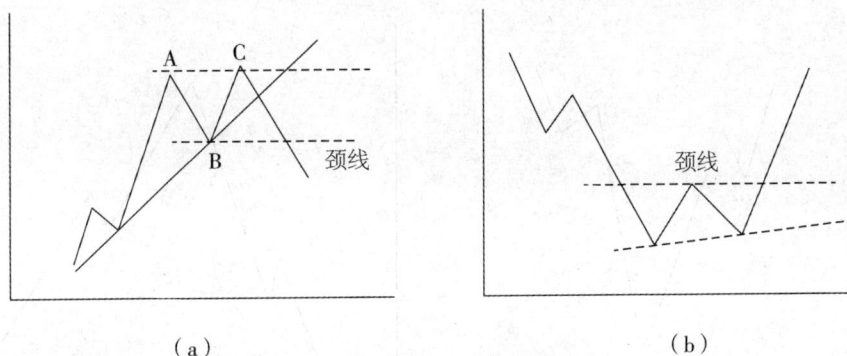

（a）　　　　　　　　　　　　　（b）

图9-18　双重顶、双重底形态示意图

交量要大于前次反弹时的成交量，价格在这段时间的移动轨迹就像字母W，这就是双重底，又称W走势，如图9-18（b）所示。

无论是双重顶还是双重底，都必须突破颈线，形态才算完成。双重顶的颈线是第一次从高峰回落的最低点（B）；双重底的颈线是第一次从低点反弹的最高点。

以双重顶为例，其市场含义为：市场持续上升为多头带来了丰厚的利润，于是他们平仓卖出，这一股沽售力量令上升的行情转为下跌。当价格回落到某水平时，吸引了短期多头投资者，另外早前沽出获利者也可能在此水平再次买入补回，于是行情开始恢复上升。与此同时，对市场信心不足的投资者会因觉得错过了在第一次高点出货的机会而选择在此时出货，加上在低水平获利回补的投资者亦同样在此水平再度卖出，强大的沽售压力令价格再次下跌。高点两次都受阻而回，令投资者感到价格没法再继续上升，假如愈来愈多的投资者沽出，令价格跌破上次回落的低点（即颈线），那么整个双头形态便告形成。

双头或双底形态是一个转向形态。当出现双头时，即表示市场的升势已经终结；当出现双底时，即表示跌势告一段落。双头颈线被跌破，就是一个可靠的多头平仓和空头建仓信号；而双底的颈线被冲破，则是一个多头建仓和空头平仓的信号。双头最小跌幅的量度方法，是由颈线开始计起，至少会再下跌从双头最高点至颈线的距离。双底最小涨幅的量度方法也一样，即双底之最低点和颈线之间的距离。

3）V形和伸延V形反转形态

V形和倒转V形如图9-19所示。

V形走势可分为三个部分：①下跌阶段。通常V形的左方跌势十分陡峭，而且会持续一段较短时间。②转势点。V形的底部十分尖锐，一般来说转势点仅包含两三个交易日，且成交量明显增多。③回升阶段。此阶段期货价格从低点回升，成交量亦随之增加。

伸延V形走势是V形走势的变形，即在形成V形走势期间，其中上升（或是下跌）阶段呈现变异，价格有一部分出现横向发展的成交区域，其后市场打破该徘徊区，继续完成整个形态。

倒转V形和倒转伸延V形的形态特征与V形走势刚好相反。

V形走势的市场含义为：由于市场中卖方的力量很大，令价格稳定而又持续地下降，

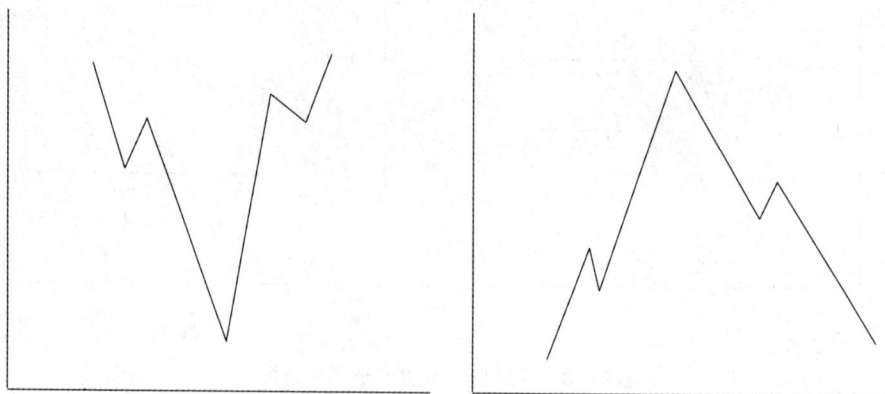

图9-19　V形、倒转V形走势示意图

当这股沽售力量消失之后，买方的力量完全控制整个市场，使得价格出现戏剧性的回升，几乎以与下跌时同样的速度收复所有失地，因此在图表上形成一个像字母V一样的移动轨迹。倒转V形情形则刚好相反，看好的情绪使得市场节节攀升，可是突如其来的打击扭转了整个趋势，价格以与上升时同样的速度下跌，形成一个倒转V形的移动轨迹。

　　V形走势是个转向形态，显示过去的趋势已逆转过来。V形走势在转势点必须有明显的成交量配合。市场在突破伸延V形的徘徊区顶部时，必须有成交量增加的配合，在跌破倒转伸延V形的徘徊区底部时，则不需要成交量增加。

9.4.3　持续整理形态

1）对称三角形整理形态

　　对称三角形整理形态由一系列的价格变动所组成，其变动幅度逐渐缩小。也就是说，每次变动的最高价低于前次的水准，而最低价比前次的水准高，呈一压缩图形，把短期高点和低点分别以直线连接起来，就可以形成对称的三角形（如图9-20所示）。对称三角形中成交量因愈来愈小幅度的价格变动而递减，然后当价格突然跳出三角形时，成交量随之变大。

　　出现对称三角形是因为买卖双方的力量在该段价格区域内势均力敌，暂时达到平衡状态。价格从第一个短期性高点回落，但很快便被买方所消化，推动价格回升；但购买的力量对后市没有太大的信心，又或是对前景感到有点犹疑，因此价格未能回升至上次高点已经掉头，再一次下跌。在下跌的阶段中，那些沽售的投资者不愿意太低价贱售或对前景仍抱有希望，所以回落的压力不强，价格未跌到上次的低点便已告回升，买卖双方的观望性争持使期货价格的上下小波动日渐收窄，形成了此形态。

　　成交量在对称三角形形成的过程中不断减少，正反映出多空力量对后市犹疑不决的观望态度，使得市场暂时沉寂。

　　一般情况下，对称三角形属于整理形态，即市场会继续按原来的趋势移动。只有在价格朝其中一方明显突破后，才可以采取相应的买卖行动。如果价格往上冲破阻力（必须得到大成交量的配合），就是一个短期买入信号；反之，若是往下跌破（在低成交量之下跌破），便是一个短期沽出信号。

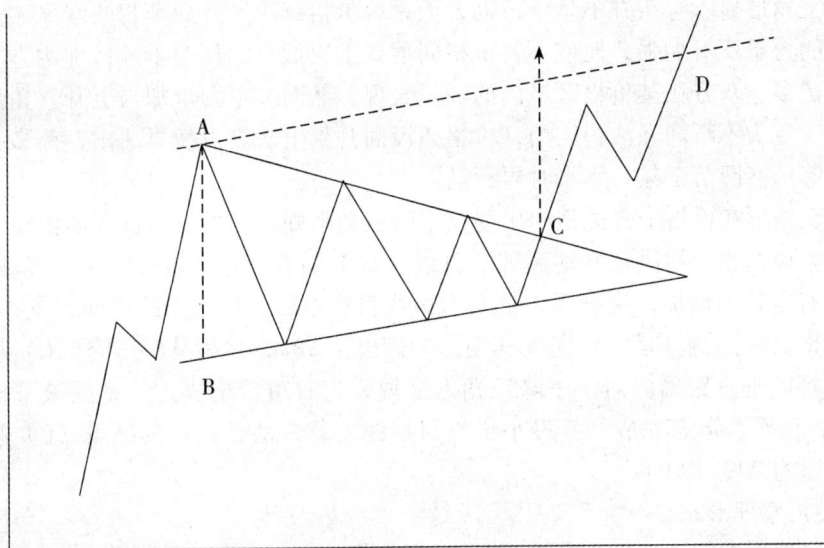

图9-20　对称三角形整理形态示意图

对称三角形的价格目标有两种测算方法：第一，先量出底边（AB）的高度，然后从突破点（C）起，投射出与这个高度相等的垂直距离。第二，从底边的上端点（A）引出一条平行于三角形下边线的平行线（AD），价格至少会达到其与平行线的相交点（D）。

2）上升三角形整理形态和下降三角形整理形态

在某价格水平呈现出强大的卖压时，市场从低点回升到该水平便告回落，但市场的购买力十分强大，使得未回到上次低点即告弹升，这种情形使价格随着一条阻力线波动并日渐收窄。我们若把每一个短期波动高点连接起来，可画出一条水平阻力线；而把每一个短期波动低点相连则可画出另一条向上倾斜的线，这就是上升三角形（如图9-21所示）。成交量在形态形成的过程中不断减少。

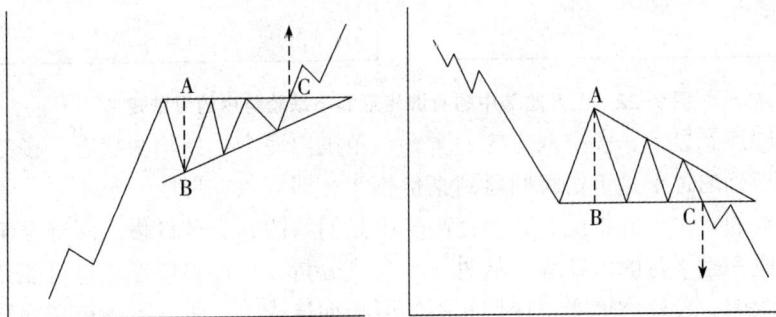

图9-21　上升三角形整理形态和下降三角形整理形态示意图

下降三角形与上升三角形恰好相反，市场在某特定的价格水平出现稳定的购买力，因此市场每回落至该水平便告回升，形成一条水平的需求线。可是市场的沽售力量却不断加强，期货价格每一次波动的高点都较前一次低，于是形成一条向下倾斜的供给线。成交量在完成整个形态的过程中一直十分低迷。

上升三角形显示空头并不急于行动，而是等价格每次上升到理想的水平才卖出。同时，多头的力量不断加强，他们不待价格回落到上次低点，便迫不及待地购进。下降三角形同样是多空双方在某价格区域内的较量表现，然而多空力量却与上升三角形显示的情形相反，空头不断增强沽售压力，价格还没回升到上次高点便再沽出，而多头也不急于买进，等价格回落至某一水平时再行动。

上升三角形在价格上升过程中出现，下降三角形则在价格下降过程中出现。对于上升三角形来说，当价格决定性地突破上边线（AC）后，该形态就成立了。突破发生时，交易量应有显著的增加。突破后，这条上边线将在以后的价格下跌中起到支撑的作用。其最小价格目标的测算是：先测出三角形的高度（AB），然后从突破点（C）起，向上投射出相等的垂直距离。对于下降三角形来说，当收市价格决定性地跌破下侧水平线（BC）后，该看跌形态完成。其最小价格目标的测算方法是：自突破点（C）起，向下投射三角形的高度（AB）。

3）矩形整理形态

矩形整理形态是一连串价格在两条水平的上下界线之间变动（如图9-22所示）。价格上升到某水平时遇到阻力，掉头回落，但很快便获得支撑而回升，可是回升到与上次同一高点时再一次受阻，跌落到上次低点时则再得到支撑，把这些短期高点和低点分别以直线连接起来，便可以绘出一条通道，这条通道既非上倾，亦非下降，而是水平发展，这就是矩形整理形态。

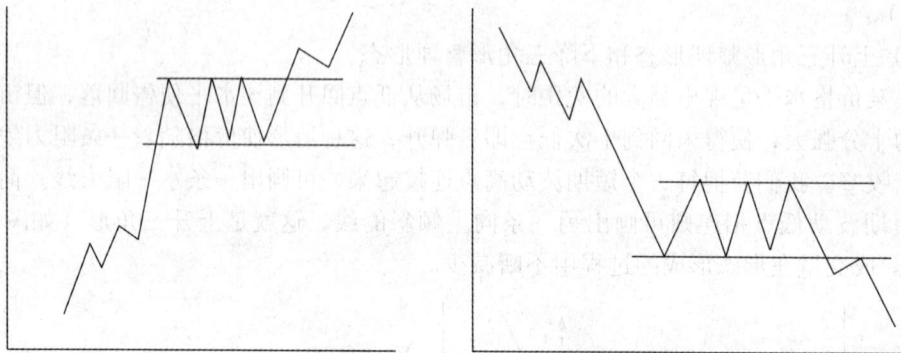

图9-22　上升趋势中的看涨矩形和下跌趋势中的看跌矩形

矩形整理形态显示，多空双方的力量在该范围内完全达到均衡状态。多方认为现在逢低买入是正确的，于是价格每回落到某价格水平即买入，形成一条水平的需求线。与此同时，空头的看法正好相反，认为逢高卖出是明智的，于是价格一回升至某价位水平即沽售，形成一条平行的供给线。从另一个角度分析，矩形整理形态也可能是投资者因后市发展不明朗，投资态度变得迷惘和不知所措而造成的。所以，当市场回升时，一批对后市缺乏信心的投资者退出；而当市场回落时，一批憧憬着未来的投资者加入，由于双方实力差不多，于是价格就来回在这一区域内波动。

对于上升趋势中的看涨矩形来说，价格突破矩形的上限后发出买入信号；对于下跌趋势中的看跌矩形来说，价格跌破矩形的下限后发出卖出信号。突破后的涨跌幅度通常等于矩形本身的宽度。

4）旗形整理形态

旗形走势的形态就像一面挂在旗杆顶上的旗帜，该形态通常在急速而又大幅的市场波动中出现。旗形分为两类，即上升旗形（如图9-23所示）和下降旗形。

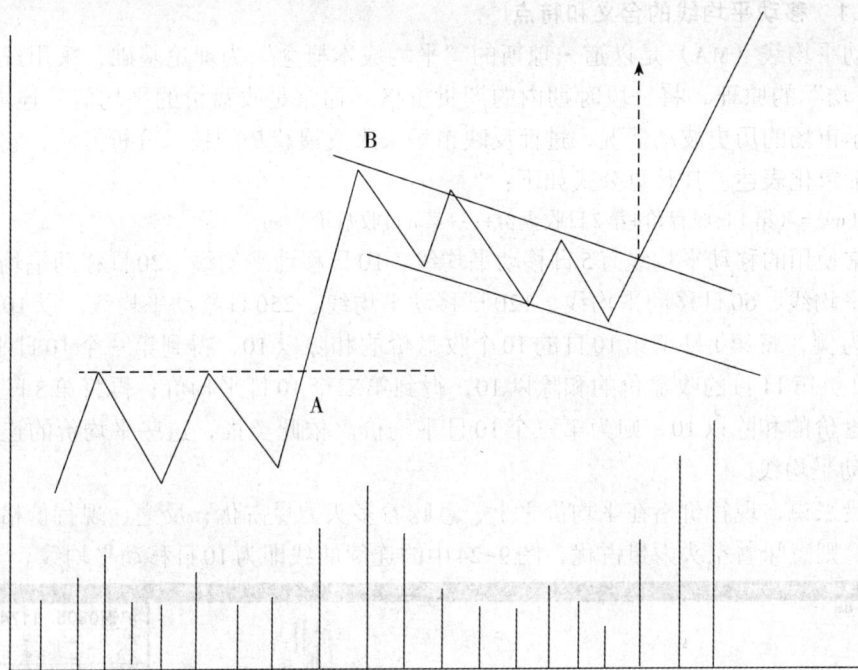

图9-23 上升旗形整理形态示意图

上升旗形的形成过程是，市场经过陡峭的飙升后，接着形成一个紧密、狭窄和稍微向下倾斜的价格密集区域，把该密集区域的高点和低点分别连接起来，就可以画出两条平行而又下倾的直线，这就是上升旗形。

下降旗形则刚好相反，当市场出现急速或垂直的下跌后，接着形成一个狭窄而又紧密并且稍微上倾的价格密集区域，像是一条上升的通道，这就是下降旗形。成交量在旗形形成过程中，是显著地渐次递减的。

以上升旗形为例，在急速的直线上升中，成交量逐渐增加，最后达到一个短期最高纪录，早先持有股票者，因获利而卖出，上升趋势遇到较大的阻力，价格开始小幅下跌，形成旗形。不过大部分投资者对后市依然充满信心，所以回落的速度不快，幅度也十分小，成交量不断减少，反映出市场的沽售力量在回落中不断地减轻。经过一段时间的整理，到了旗形末端市场突然上升，成交量亦大增，而且几乎形成一条直线。市场价格又像形成旗形时的移动速度一样急速上升。

上升旗形形成后，市场将向上突破；而下降旗形形成后，市场则向下跌破。向上和向下突破的最小幅度等于旗杆的长度。旗杆指的是旗形之前市场的急剧上升或下跌轨迹。旗杆的长度则是指两个点之间的距离。以上升旗形为例，一个点是上升趋势的最高点（B），另外一个点就是成为旗形之前的急剧上升趋势或下跌趋势发出明确信号的位置，一般认为是重要的支撑位或压力位（A）。

9.5 移动平均线分析

9.5.1 移动平均线的含义和特点

移动平均线（MA）是以道·琼斯的"平均成本概念"为理论基础，采用统计学中"移动平均"的原理，将一段时期内的期货价格（通常是收盘价的平均值）连成曲线，用来显示市场的历史波动情况，进而反映市场未来发展趋势的技术分析方法，它是道氏理论的形象化表述。其计算公式如下：

MA（n）=（第1日收盘价+第2日收盘价+…+第n日收盘价）÷n

通常使用的移动平均线有5日移动平均线、10日移动平均线、20日移动平均线、30日移动平均线、60日移动平均线、120日移动平均线、250日移动平均线。以10日移动平均线为例，将第1日至第10日的10个收盘价的和除以10，得到第一个10日平均价；将第2日至第11日的收盘价的和除以10，得到第二个10日平均价；再将第3日至第12日的收盘价的和除以10，则为第三个10日平均价。依此类推，这些平均价的连线即为10日移动平均线。

一般来说，现行价格在平均价之上，意味着多头力量占优；反之，现行价格在平均价之下，则意味着空头力量占优，图9-24中的连续曲线即为10日移动平均线。

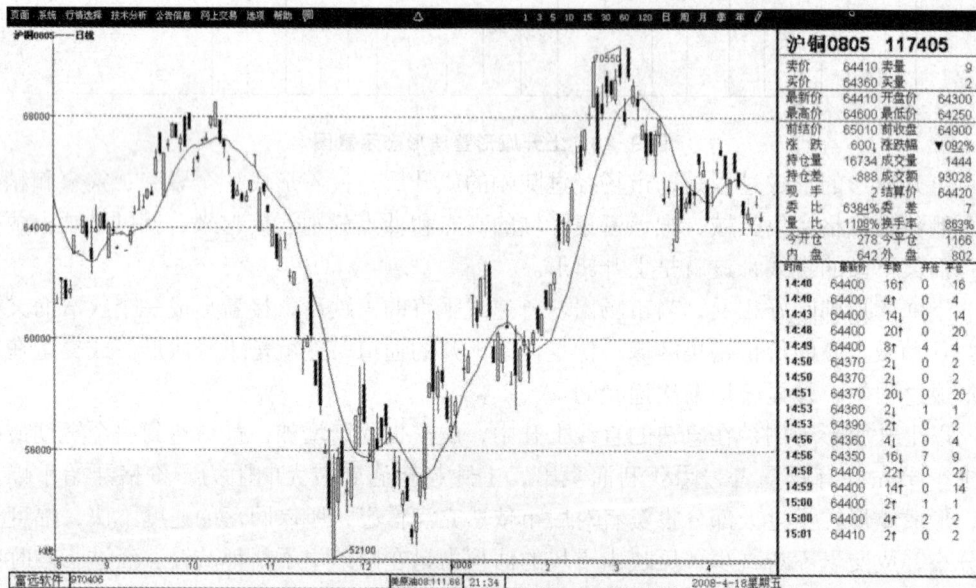

图9-24 10日移动平均线示例图

移动平均线的基本思想是消除价格随机波动的影响，寻求价格波动的趋势。它有以下几个特点：

（1）追踪趋势。移动平均线能够表示价格的变化趋势，并追随这个趋势。如果能从价格的图表中找出上升或下降趋势线，那么，移动平均线将与该趋势保持一致，能消除价格在这个过程中出现的起伏。

（2）滞后性。在价格原有趋势发生反转时，由于追踪趋势的特性，移动平均线的行动往往过于迟缓，调头速度落后于大趋势。这是移动平均线的一个极大的弱点。等移动平均线发出趋势反转信号时，价格调头的深度已经很大了。

（3）稳定性。由移动平均线的计算可知，要比较大地改变它的数值，无论是向上还是向下，都比较困难，必须是当天的价格有很大的变动。因为MA的变动不是一天的变动，而是几天的变动，一天的大变动被几天一分摊，变动就会变小而显示不出来。

（4）助涨助跌性。当价格突破了移动平均线时，无论是向上突破还是向下突破，价格有继续向突破方面再走一程的愿望，这就是移动平均线的助涨助跌性。

（5）支撑线和压力线的特性。由于移动平均线的上述四个特性，使得它在价格走势中起支撑线和压力线的作用。移动平均线被突破，实际上是支撑线和压力线被突破。

移动平均线的参数的作用就是调整移动平均线上述几方面的特性。参数选择得越大，上述特性就越大。

9.5.2　单个移动平均线的应用

在移动平均线的应用上，最常见的是葛兰碧（Granville）的"移动平均线八大买卖法则"（简称葛氏法则），如图9-25所示。此法则是以证券价格与移动平均线之间的偏离关系作为研判的依据。八大法则中有四条是买进法则，其余四条是卖出法则。

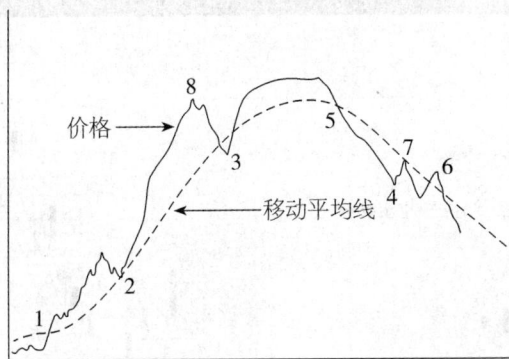

图9-25　移动平均线八大买卖法则示意图

葛氏法则的内容是：

第一，移动平均线从下降趋势逐渐走平且略向上方倾斜，价格从移动平均线下方向上突破平均线，为买入信号，见图9-25中的标志1。

第二，价格位于移动平均线之上，短期下跌但未向下穿越移动平均线，是买入信号，见图9-25中的标志2。

第三，价格向下跌破移动平均线，但很快又回到移动平均线之上，移动平均线仍然保持上升趋势，为买入信号，见图9-25中的标志3。

第四，价格暴跌，跌破移动平均线后远离移动平均线，为买入信号，见图9-25中的标志4。

第五，移动平均线由上升趋势转为盘局，或下跌，而价格向下跌破移动平均线，为卖出信号，见图9-25中的标志5。

　　第六，价格向上突破移动平均线但很快又回到移动平均线之下，移动平均线仍然维持下跌局面，为卖出信号，见图9-25中的标志6。

　　第七，价格在移动平均线之下，短期向上但并未突破移动平均线且立即转为下跌，为卖出信号，见图9-25中的标志7。

　　第八，价格暴涨向上突破移动平均线，且远离移动平均线，为卖出信号，见图9-25中的标志8。

9.5.3　移动平均线的组合应用

　　根据短期、中期、长期移动平均线对价格变化敏感度的不同，我们可以将短期、中期和长期移动平均线组合在一起来判断市场趋势。在这里，我们分别用MA（5）、MA（10）、MA（30）代表短期、中期、长期移动平均线。在实际操作中，投资者可根据所研究的价格周期，设定不同参数值来代表短期、中期、长期移动平均线。

　　一般情况下，投资者可利用短期和长期两种移动平均线的交叉情况来决定买进和卖出的时机。当价格稳定在短期和长期移动平均线之上，短期移动平均线又向上突破长期移动平均线时，为买进信号，此种交叉被称为黄金交叉；反之，若价格位于长期和短期移动平均线之下，短期移动平均线又向下突破长期移动平均线，则是卖出信号，此种交叉被称为死亡交叉（如图9-26所示）。

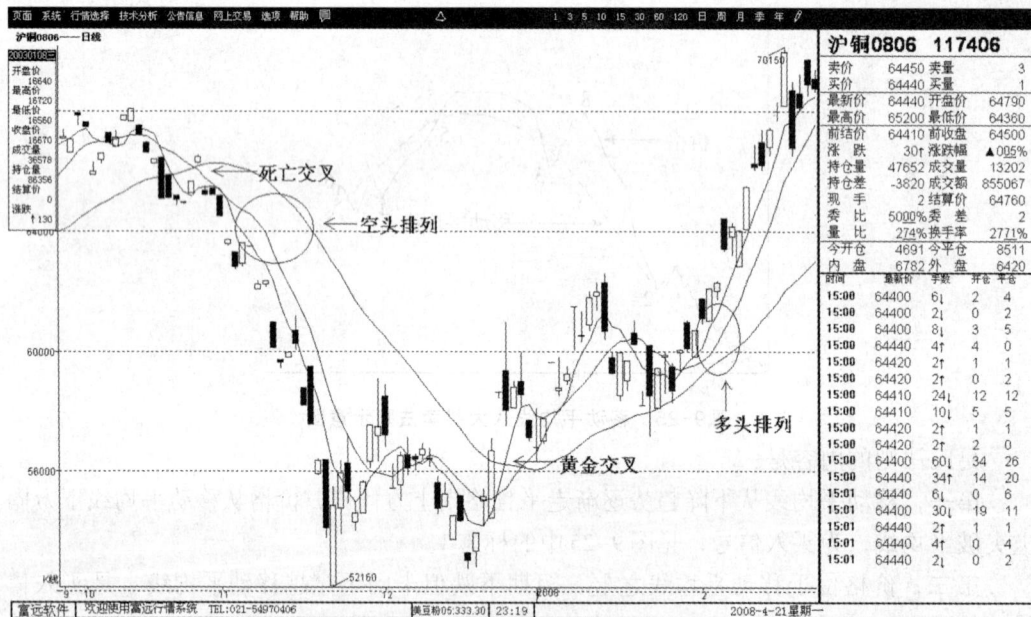

图9-26　黄金交叉、死亡交叉示例图

　　上升行情进入稳定期，短期、中期、长期移动平均线自上而下依次排列，向右上方移动，被称为多头排列，预示着价格还要上涨；在下跌行情中，短期、中期、长期移动平均线自下而上依次排列，向右下方移动，被称为空头排列，预示着价格还要进一步下跌（如图9-26所示）。

　　在上升行情中期货价格位于移动平均线之上，呈现多头排列的移动平均线可视为多方的防线；当价格回到移动平均线附近时，各条移动平均线依次产生支撑力量，多头入场推动市场再度上升，这就是移动平均线的助涨作用；在下跌行情中，期货价格在移动平均线的下方，呈空头排列的移动平均线可视为空方的防线，当期货价格反弹到移动平均线附近时，便会遇到阻力，空头势力增强，促使市场进一步下跌，这就是移动平均线的助跌作用。

9.6 指标分析

所谓指标分析，是指应用一定的数学公式，对原始数据进行处理，得出指标值，将指标值绘成图表，从定量的角度对期货价格进行预测的方法。这里的原始数据是指开盘价、收盘价、最高价、最低价、成交手数等。

9.6.1 相对强弱指标（RSI）

相对强弱指标是通过采用某一时期（n天）内收盘价的结果作为计算对象，来反映这一时期内多空力量的强弱对比。

1）RSI的计算公式

先找出包括当日在内的连续n+1日的收盘价，用每日的收盘价减去上一日的收盘价，可得到n个数字，这n个数字有正有负。

A=n个数字中正数之和

B=n个数字中负数之和×（−1）

RSI（n）=［A÷（A+B）］×100

从公式中可以看出，RSI将n日内每日收盘价涨数（即当日收盘价高于上一日收盘价的部分）的总和作为买方总力量A，而n日内每日收盘价跌数（即当日收盘价低于上一日收盘价的部分）的总和作为卖方总力量B。RSI实际上是表示期货价格向上波动的幅度占总波动幅度的百分比。如果占的比例大就是强市，否则就是弱市。

RSI的参数是天数n，其取值范围为0~100。

举例如下：

若计算RSI（5），找出包括当日及前5个交易日在内的连续收盘价，最后计算出RSI（5）=71.43，具体计算过程见表9-1。

表9-1　　　　　　　　　　　日相对强弱指标的计算过程

日期	收盘价	涨跌	A	B	RSI
n−5	6	−			
n−4	5	−1			
n−3	7	2	2+1+2=5	（−1−1）×（−1）=2	（5÷7）×100=71.43
n−2	8	1			
n−1	7	−1			
n	9	2			

2）RSI的应用法则

第一，根据RSI取值的大小判断市场走势。

RSI大于50为强势市场，高于80表示市场进入超买区，容易形成短期回档；RSI小于50为弱势市场，低于20表示市场进入超卖区，容易形成短期反弹。RSI原本处于50以下，然后向上扭转突破50分界，代表市场已转强；RSI原本处于50以上，然后向下扭转跌破50分界，代表市场趋弱。但经常也会出现RSI发出超买信号而市场并不下跌、发出超卖信号而市场并不上涨的指标钝化现象。

第二，两条RSI曲线联合使用。

一般将长期、短期两条RSI曲线联合使用，两条RSI曲线的联合使用法则与两条移动平均线的使用法则相同，即：若短期RSI大于长期RSI为多头市场，反之为空头市场；短期RSI在20以下超卖区内，由下往上交叉长期RSI时，为买进信号；短期RSI在80以上超买区内，由上往下交叉长期RSI时，为卖出信号。

第三，根据RSI曲线形态来判断市场走势。

形态分析在RSI中得到大量运用，可依据超买区或超卖区出现的头肩顶（底）、双头（底）等反转形态作为买卖信号。

第四，RSI与期货价格的背离。

价格一波比一波低，RSI却一波比一波高时，为底背离，市场很容易反转上涨。价格一波比一波高，RSI却一波比一波低时，为顶背离，市场很容易反转下跌。

第五，根据RSI上升或下降的趋势来判断。

连接RSI连续的两个底部，画出一条上升趋势线，当RSI向下跌破这条趋势线时，为较好的卖出信号；连接RSI连续的两个峰顶，画出一条下降趋势线，当RSI向上突破这条趋势线时，为较好的买进信号。

9.6.2　随机指标（KDJ）

随机指标，是指通过研究最高价、最低价、收盘价之间的关系来反映市场走势的强势弱势和超买超卖现象。因为市场上升而未转向之前，每日多数都会偏于高价位收市，而下跌时收市价常会偏于低位。

1）KDJ的计算公式

在产生KDJ以前，先产生未成熟随机指标RSV，其计算公式为：

$$RSV(n) = 100 \times [(C1-Ln) \div (Hn-Ln)]$$

式中：n为选定的时间参数；C1为当日收市价；Hn、Ln分别为最近n日内（包括当日）出现的最高价、最低价。

对RSV进行3日指数平滑移动平均，得到K值：

今日K值=2/3×昨日K值+1/3×今日RSV

对K值进行3日指数平滑移动平均，得到D值：

今日D值=2/3×昨日D值+1/3×今日K值

式中：1/3是平滑因子，是可以人为选择的，不过目前已经约定俗成，固定为1/3；初始的K、D值，可以用当日的RSV值或以50代替。

J是D加上一个修正值，其计算公式为：

$$J = 3D - 2K = D + 2(D-K)$$

就反映期货价格变化的敏感性来说，J指标最快，其次是K指标，最后是D指标。

2）KDJ的应用法则

KDJ指标是三条曲线，在应用时主要从五个方面来考虑：

第一，从KD的取值方面考虑。

KD的取值范围是0~100，可将其划分为几个区域：80以上为超买区，20以下为超卖区，其余为徘徊区。当KD超过80时，是卖出信号；当KD低于20时，是买入信号。

第二，从KD指标曲线的形态方面考虑。

当KD指标在较高或较低的位置形成头肩顶（底）形态或双重顶（底）形态时，是采取行动的信号。这些形态一定在较高的位置或较低的位置出现，位置越高或越低，结论越可靠。

对于KD曲线，也可以画趋势线，以明确KD的趋势。在KD的曲线图中可以引进支撑和压力的概念，某一条支撑线或压力线被突破，也是采取行动的信号。

第三，从KD指标的交叉方面考虑。

K线与D线的关系就如同价格和移动平均线的关系一样，也有死亡交叉和黄金交叉。这里，K线作为反应敏捷的快速线，D线作为慢速线。不过这里的交叉运用最好结合其他条件才更为可靠。

条件一是黄金交叉的位置应该比较低，是在超买区域，越低越好。

条件二是与D线相交的次数。有时在低位，K线、D线要来回交叉好几次，交叉的次数以2次为最少，越多越好。

条件三是交叉点相对于KD线低点的位置，这就是常说的"右侧相交"原则。K线是在D线已经抬头向上时才同D线相交，比D线还在下面时与之相交要可靠得多。

第四，从KD指标的背离方面考虑。

当KD处在高位或低位时，如果出现与价格走向的背离，则是采取行动的信号。若KD处在高位，并形成两个依次向下的峰，而此时价格还在上涨，这叫顶背离，是卖出的信号；与之相反，KD处在低位，并形成后一底部比前一底部更高的局面，而期货价格还在继续下跌，称为底背离，是买入信号。

第五，结合J指标来进行分析。

J指标反映价格的敏感度高于KD指标，因此，J指标常领先KD指标显示曲线的头部和顶部。J指标的取值超过100和低于0，都属于价格的非正常区域，大于100为超买，小于0为超卖。

9.6.3 威廉指数（WMS）

威廉指数也是利用一段时期内，期货价格的收盘价、最高价、最低价的关系来量度市场的超买超卖现象，预测研究期内市场的高点或低点。

1）WMS的计算公式

WMS的计算公式为：

$$WMS(n) = [(Hn-C1) \div (Hn-Ln)] \times 100$$

式中：n、C1、Hn、Ln的含义同RSV计算公式中的含义。

2）WMS的运用法则

WMS指标的含义是当天的收盘价在过去一段时期的全部价格范围内所处的相对位

置。如果WMS值比较小，则当天的价格处在相对较高的位置，要提防回落；如果WMS的值较大，则说明当天的价格处在相对较低的位置，要注意反弹。

威廉指数计算公式与相对强弱指标、随机指标的计算公式一样，计算出的指数值在0~100波动。不同的是，威廉指数的值越小，市场的买气越重，一般当WMS低于20时，市场处于超买状态；反之，其值越大，市场卖气越浓，一般当WMS高于80时，市场处于超卖状态。应用威廉指数时，可从以下两方面来考虑：

第一，从WMS的曲线形态来考虑。

当市场呈多头行情时，WMS徘徊于低数值区域（此时为超买），如果WMS上升并突破50，则是卖出信号；当市场呈空头行情时，WMS徘徊于高数值区域（此时为超卖），如果WMS下降并跌破50，则是买入信号。

第二，结合RSI指标来确认。

使用威廉指数对行情进行判断时，最好能够结合使用RSI来验证。同时，当WMS突破或跌穿50中轴线时，也可用来确认相对强弱指标信号是否正确。因此，使用者如能正确应用威廉指数，发挥其与相对强弱指标在研制强弱市场及超买超卖现象的互补功能，可得出对市场走向较明确的判断。

9.6.4 乖离率指标（BIAS）

乖离率指标是移动平均原理派生的一项技术指标，其功能主要是测算价格在波动过程中与移动平均线出现偏离的程度。其基本原理是：如果价格偏离移动平均线太远，不管价格在移动平均线之上还是之下，都有向移动平均线回归的要求。

1）BIAS的计算公式

BIAS的计算公式为：

$$BIAS(n) = [C1-MA(n)] \div MA(n) \times 100\%$$

式中：n为时间参数；C1为当日收盘价；MA（n）为n日的移动平均数。

2）BIAS的运用法则

乖离率分正乖离率和负乖离率。当价格在移动平均线之上时，其乖离率为正，反之则为负；当价格与移动平均数一致时，乖离率为0。随着价格走势的升跌，乖离率周而复始地穿梭于0点的上方和下方。

一般而言，正乖离率涨至某一百分比时，表示短期多头获利回吐可能性大，为卖出信号；负乖离率降到某一百分比时，表示空头回补的可能性大，为买入信号。

对于乖离率达到何种程度为正确的买入点或卖出点，目前并没有统一的原则，使用者可凭经验值（见表9-2）来综合判断。

表9-2　　　　　　　　　　　　　乖离率的经验值

n日	买入信号（%）	卖出信号（%）
5日	-3	3.5
10日	-4	5
20日	-7	8
60日	-10	10

9.7 成交量和持仓量分析

到目前为止，我们在阐述期货投资技术分析时，主要是围绕着价格进行的。其实，在实际期货投资中，技术分析者一般会将价格、成交量和持仓量结合起来进行分析，以便增加预测的可靠性。

但也应注意，在期货投资技术分析中，价格是最重要的因素，成交量和持仓量是次要的，一般作为验证性指标使用。

9.7.1 成交量与价格配合分析

成交量是指在所研究的基本时间单位内成交的期货合约数量。根据不同的基本时间单位，我们可以研究1分钟的成交量、1小时的成交量、1天的成交量、1周的成交量等。

通过配合价格变化的成交量水平，技术分析者能够较准确地判断市场运动背后的买入或卖出强度，从而可以通过成交量来验证价格变化的可靠性。

在上升趋势中，当价格上升时，成交量增加，而在价格下跌时，成交量减少，我们就可以判断价格上升趋势仍将持续。如果在上升趋势中，前一个峰被向上突破，与此同时的成交量反而有所下降，就发生了所谓的背离现象，说明市场买入动力在减弱；同时，成交量在期货价格下跌时却有所增加，这些都意味着上升趋势将要发生逆转。

在下跌趋势中，当价格下跌时，成交量增加，而在价格上升时，成交量减少，我们就可以判断下跌趋势还没有扭转，市场还将进一步下跌。

另外，成交量也可作为各种价格形态是否成立的重要验证指标。例如，头肩顶形态成立的条件之一是，在头部形成过程中，当价格冲到新高点时，成交量减少，而在随后跌回颈线时，成交量放大；在双重顶中，价格上升到后继的峰时，成交量萎缩，而在随后的回落时，成交量放大。在持续整理形态中，如三角形形态，与之伴随的是成交量的逐渐下降。一般地，所有价格形态在完结（突破点）时，只要这个突破信号是成立的，那么它就应当伴随着较大的成交量。

9.7.2 持仓量和价格配合分析

我们前面曾提到，持仓量是指未平仓了结的期货合约总手数，国内一般是双向统计的，即持仓量是多头持仓手数和空头持仓手数的总和。

每当一笔期货交易发生后，持仓量有三种变化的可能性：增加、减少、不变。下面我们来看看这些变化是如何产生的（见表9-3）。

表9-3　　　　　　　每笔期货交易发生后的持仓量变化情况

买 方	卖 方	持仓量的变化
建立新多头头寸	建立新空头头寸	增加
建立新多头头寸	平仓原有的多头头寸	不变
平仓原有的空头头寸	建立新空头头寸	不变
平仓原有的空头头寸	平仓原有的多头头寸	减少

表9-3中，在第一种情况下，买方和卖方均建立了新头寸，于是产生了新的未平仓合约。在第二种情况下，买方建立新头寸，产生了新的合约，而买方的对手，即卖方却是平仓卖出原有的多头头寸，减少了合约，因此一增一减，合约总数没有变化。第三种情况和第二种情况差不多，买方减少了合约，卖方增加了合约，合约总数没有变化。在第四种情况下，买方平仓买入原有的空头头寸，减少了合约，卖方平仓卖出原有的多头头寸，也减少了合约，因此，合约总数减少。

综上所述，如果买卖双方均建立新头寸，持仓量增加；如果买卖双方均平仓原有头寸，持仓量减少；如果一方建立新头寸，一方平仓原有头寸，持仓量不变。因此，期货投资技术分析者可以考察持仓量的净变化（仓差），从而确定资金是投入市场，还是从市场撤出。根据这个信息，我们就可以对当前市场趋势的坚挺和疲软程度做出一些预测。预测主要有以下一些规则：

第一，在上升趋势中，持仓量增加是看涨信号；

第二，在上升趋势中，持仓量减少是看跌信号；

第三，在下跌趋势中，持仓量增加是看跌信号；

第四，在下跌趋势中，持仓量减少是看涨信号。

除了上述四点以外，持仓量还在其他一些市场情形中有较强的预测作用。

第一种情形，当一轮主要的市场趋势接近尾声时，持仓量已经随着价格趋势的整个过程增加到一定高度，那么，一旦持仓量不再增加乃至开始减少，这经常就是趋势即将发生转变的先前信号。

第二种情形，如果在市场顶部，持仓量处在高水平，而价格下跌又突如其来，这就是一个看跌信号。这种情形意味着，在上升趋势接近尾声时建立多头头寸的所有多头交易者均处于损失之中，由于他们被迫卖出平仓，市场遭到较大卖压，这种情况会一直持续到持仓量减少到足够大的幅度之后。

第三种情形，如果在市场横向整理期间，持仓量逐渐累积增加，那么一旦发生向上或向下的价格突破，随后而来的价格运动将会加剧。市场处于盘整阶段时，没有人能确切知道市场的突破方向，但是持仓量的增加表明投资者已预期突破即将来临，并相应建立了头寸。一旦突破发生，有一半的投资者将陷入市场对自己不利的境地。例如，如果市场突破上升，那些建立错误的空头头寸的投资者通常会选择平仓了结其亏损头寸，而那些判断正确，在整理期间建立了多头头寸的投资者通常会选择加大多头头寸，这些都会使市场进一步上涨。由此也可以看到，在一个交易区间，持仓量增加得越多，在突破发生后，价格运动的潜力就越大。

第四种情形，在价格形态完成时，持仓量的增加可视为新趋势信号可靠程度的旁证。举例来说，在头肩底形态中，当颈线被向上突破时，如果在成交量增长的同时，持仓量也相应增加，那么该底部形态就更加可靠。不过，我们也应该注意到，有些情况下，在新趋势刚形成时，持仓量可能稍有减少，因为在新趋势产生的初始信号出现之后，随之而来的跟风性市场动力往往来自于站在市场错误一边的投资者的斩仓行为，从而使持仓量减少。从这种现象也可以看出，我们不应该对持仓量在极短时间内的变化过于在意。

9.7.3 综合运用成交量和持仓量进行分析

一般情况下，如果成交量和持仓量均上升，那么当前的趋势很可能按照现有趋势继续发展（无论上涨还是下跌）；如果成交量和持仓量都下降，那么我们可以把这种变化视为当前趋势或许即将终结的信号。成交量和持仓量变化对市场的综合影响见表9-4。

表9-4　　　　　　　　成交量和持仓量变化对市场的综合影响

价　格	成交量	持仓量	市　场
上涨	增加	上升	继续上涨
上涨	减少	下降	可能转向
下跌	增加	上升	继续下跌
下跌	减少	下降	可能转向

案例分析 9-1

图9-27为纽约商品交易所原油期货走势图。

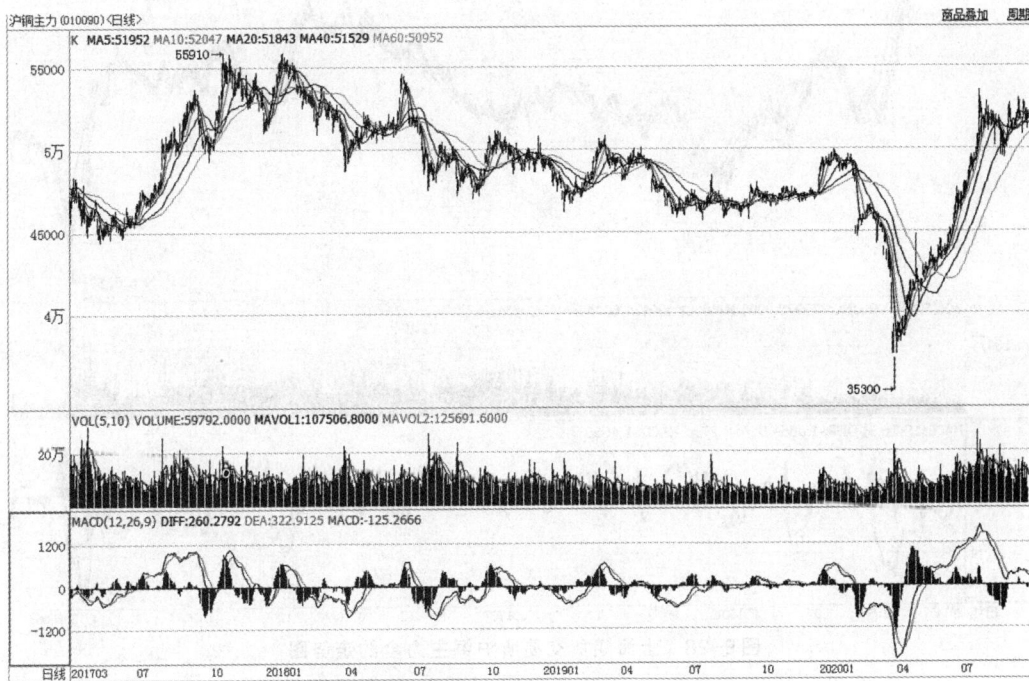

图9-27　纽约商品交易所原油期货走势图

问题：运用所学技术分析知识，判断原油期货后期走势。

分析提示：从移动平均线、成交量、MACD等指标入手。

知识掌握

9.1　什么是技术分析？它的假设前提是什么？

9.2　技术分析的种类有哪些？

9.3　什么是趋势？趋势有哪几类？

9.4　什么是支撑线？什么是压力线？两者如何相互转化？

9.5　反转突破形态包括哪些？持续整理形态包括哪些？

9.6　移动平均线八大买卖法则是什么？

9.7　什么是指标分析？常用的技术分析指标有哪些？

9.8　在技术分析中，如何通过成交量来验证价格变化的可靠性？

知识应用

☐ 案例分析

图9-28为上海期货交易所沪铜主力合约的走势图。

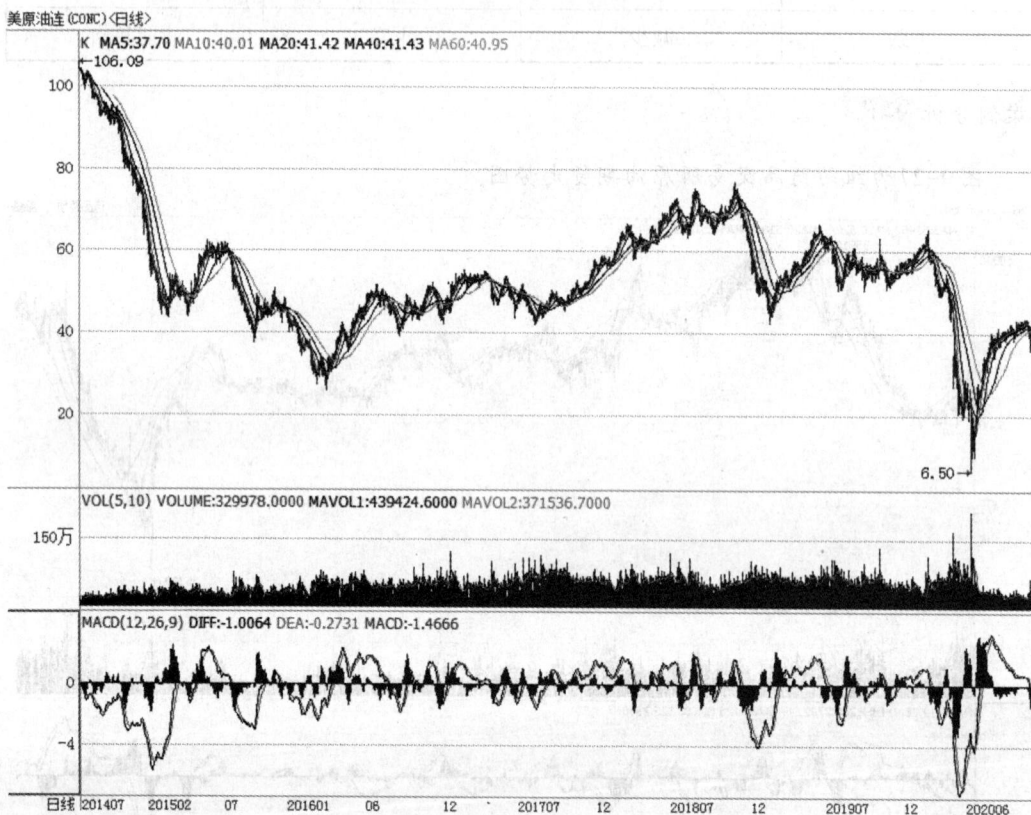

图9-28　上海期货交易所沪铜主力合约走势图

问题：运用所学技术分析知识，判断沪铜主力合约的未来走势。

分析提示：从移动平均线、成交量、MACD等指标入手。

☐ 实践训练

运用所学的技术分析知识，判断各期货品种未来的走势。

要求：

①下载某一期货行情软件并安装。

②运用所学的期货技术分析知识，对上海期货交易所、郑州商品交易所、大连商品

交易所的所有交易品种逐一进行分析。

③大致判断这些交易品种未来的短期、中期、长期走势。

④考察在运用K线分析、形态分析、指标分析、移动平均线分析、成交量和持仓量预测期货未来价格走势时，结论是否一致。

主要参考资料

[1] 墨菲 J.期货市场技术分析 [M].丁圣元，译.北京：地震出版社，2005.

[2] 罗孝玲.期货与期权 [M].3版.北京：高等教育出版社，2016.

[3] 证券业从业人员资格考试研究中心.证券投资分析 [M].北京：中国财政经济出版社，2018.

[4] 中国期货业协会.期货市场教程 [M].北京：中国财政经济出版社，2018.

[5] 中国期货业协会.期货法律法规汇编 [M].9版.北京：中国财政经济出版社，2018.

[6] 上海期货交易所.原油期货操作手册2020，2020.

[7] 上海期货交易所.黄金期货合约交易操作手册，2018.

[8] 大连商品交易所.玉米期货交易手册，2020.

[9] 大连商品交易所.黄大豆期货交易手册，2020.

[10] 郑州商品交易所.白糖期货宣传资料手册，2019.

[11] 郑州商品交易所.苹果期货宣传资料手册，2019.